DURCH STARTEN

SPANISCH GRAMMATIK

ÜBUNGSBUCH

FÜR ALLE LERNJAHRE

VerfasserInnen: Monika Veegh und Reinhard Bauer

Beratende Mitarbeit: Javier Bru Peral

Diesem Buch ist ein Lösungsheft zu den Übungen beigelegt.

Entspricht der Rechtschreibreform 2006.

Bibliografische Information der Deutschen Bibliothek
Die Deutsche Bibliothek verzeichnet diese Publikation in der Deutschen Nationalbibliografie; detaillierte bibliografische Daten sind im Internet über http://dnb.ddb.de abrufbar.

© VERITAS-VERLAG, Linz
www.durchstarten.at
Alle Rechte vorbehalten, insbesondere das Recht der Verbreitung *(auch durch Film, Fernsehen, Internet, fotomechanische Wiedergabe, Bild-, Ton- und Datenträger jeder Art)* oder der auszugsweise Nachdruck

Lektorat: Klaus Kopinitsch
Grafische Gestaltung: Ingrid Zuckerstätter
Illustrationen: Helmut „Dino" Breneis
Satz: satz@wolkerstorfer.at
Herstellung: Julia Pölzgutter
Druck, Bindung: Grasl Druck & Neue Medien, Bad Vöslau

3. Auflage 2009 ISBN 978-3-7058-7415-2

Gedruckt in Österreich auf umweltfreundlich hergestelltem Papier

W0389412

INHALTSVERZEICHNIS

¡Hola, amig@!

Herzlichen Glückwunsch zum Kauf von **„DURCHSTARTEN SPANISCH GRAMMATIK – ÜBUNGSBUCH“**! Als dein neuer Trainingspartner hilft es dir, mit mehr als 3000 Übungen deine Kenntnisse der spanischen **Grammatik** zu wiederholen, zu vertiefen, abzusichern und gleichzeitig auch deinen **Wortschatz** zu erweitern und deinen **Stil** zu verbessern. Jede einzelne Übung wird dir mehr Sicherheit und Selbstvertrauen im Umgang mit der spanischen Sprache verleihen, bis du dich schließlich im „spanischen Dorf“ so richtig wohl fühlst.

Jeder Abschnitt des Buches erklärt dir – so kurz wie notwendig – die **Regeln und Ausnahmen**, und dann kommen **Übungen, Übungen** und nochmals **Übungen**. Der Schwierigkeitsgrad dieser Übungen steigert sich innerhalb der einzelnen Abschnitte. Mit welchem Abschnitt du beginnst und in welcher Reihenfolge du die Kapitel durcharbeitest, bleibt dir überlassen. Damit du siehst, wie gut du gearbeitet hast, gibt es natürlich auch ein **Lösungsheft**, und sollte dir beim intensiven Üben einmal die Bedeutung eines Wortes nicht gleich einfallen, bieten dir **Vokabelverzeichnisse** am Ende des Lösungsheftes Rat und Hilfe. Außerdem findest du im Buch ab Seite 119 noch fünf **Multiple-Choice-Tests**, die den international standardisierten Kompetenzniveaus A1, A2, B1 und B2 des Gemeinsamen Europäischen Referenzrahmens für Sprachen des Europarates folgen und dir die Möglichkeit geben, deine Spanischkenntnisse einmal selbst zu überprüfen.

Zum Abschluss noch ein **Tipp:** Arbeite mit Bleistift! Dann kannst du Antworten, die nicht ganz richtig sind, ausradieren und die Übung später wiederholen!

¡La práctica hace al maestro!

Viel Erfolg bei der Arbeit mit dem Buch wünschen dir

Monika und Reinhard

© VERITAS-Verlag, Linz. DURCHSTARTEN – SPANISCH GRAMMATIK ÜBUNGSBUCH. Alle Rechte vorbehalten

1. KAPITEL: Aussprache und Betonung

a	b	c	ch	d	e	f	g	h	i	j	k	l	ll	m
a	*be*	*ce*	*che*	*de*	*e*	*efe*	*ge*	*hache*	*i*	*jota*	*ka*	*ele*	*elle*	*eme*

n	ñ	o	p	q	r	rr	s	t	u	v	w	x	y	z
ene	*eñe*	*o*	*pe*	*cu*	*ere, erre*	*erre doble*	*ese*	*te*	*u*	*uve*	*uve doble*	*equis*	*i griega*	*zeta*

- **Beachte die Betonung und Akzentsetzung:**
  1. Die **vorletzte Silbe** wird betont, wenn ein Wort auf **Vokal**, ***-n*** oder ***-s*** **endet:** *amigo – elegante – hola*
  2. Die **letzte Silbe** wird betont, wenn ein Wort auf einen anderen **Konsonanten** als *-n* oder *-s* **endet:** *autor – hospital – señor*
  3. Alle Wörter, die von diesen beiden Regeln **abweichen**, tragen einen **Betonungsakzent**, um die betonte Silbe zu kennzeichnen: *información – día – música – periódico* (bei den letzten beiden Wörtern ist die drittletzte Silbe betont)

1 Buchstabiere folgende Städte und Namen auf Spanisch:

1. VALENCIA: ...
2. BILBAO: ...
3. TEGUCIGALPA: ...
4. HAMBURG: ...
5. GRAZ: ...
6. JUDENBURG: ...
7. MONIKA: ...
8. ELISABETH: ...
9. WILLFRIED: ...
10. ALEXANDER: ...
11. ZARAGOZA: ...
12. GERHARD: ...
13. SHAKIRA: ...

2 Schreibe folgende buchstabierte Namen richtig auf:

1. i griega – uve – o – ene – ene – e: ...
2. a – ese – u – ene – ce – i – o – ene: ...
3. ka – a – te – jota – a: ...
4. ese – a – eme – pe – e – ere – e: ...
5. efe – e – ere – ene – a – ene – de – e – zeta: ...
6. ce – o – ene – che – a: ...
7. erre – e – i – ene – hache – a – ere – de: ...
8. erre – o – ese – uve doble – i – t – hache – a: ...
9. jota – e – ese – ese – i – ce – a: ...
10. ge – e – ere – ene – o – te: ...
11. uve doble – e – ere – ene – e – ere: ...
12. zeta – a – pe – a – te – e – ere – o: ...
13. ge – u – i – elle – e – ere – eme – o: ...

 © VERITAS-Verlag, Linz. DURCHSTARTEN – SPANISCH GRAMMATIK ÜBUNGSBUCH. Alle Rechte vorbehalten

3 Trage folgende Wörter nach ihrer Betonung in die Tabelle ein:

~~teléfono~~, domingo, Zaragoza, México, pintor, médico, chocolate, oficina, restaurante, autor, camarero, esquí, hotel, tequila, Ibiza, muchacho, periódico, información, señor, señorita, amigo, clásico, explosión, rápido, amor, instituto, escuela, profesor, estudiante, cigarrillo, director, ocasión, tímido, español, Miguel, turista, azúcar, café, cafetería, cerveza, helado, impresión, nombre, apellido, croasán, país

vorletzte Silbe	letzte Silbe	drittletzte Silbe
		teléfono

4 Setze in folgendem Dialog die Akzente:

1. Buenos dias, señor, ¿que desea?
2. Por favor, traigame un cafe con leche y un croasan.
3. Muy bien, ¿quiere usted algo mas?
4. No, gracias, ¿pero puede traerme un periodico quizas?
5. Si, señor, enseguida le traigo El Pais.
6. Muchas gracias. ¿Hay un telefono en el local? Es que mi movil no funciona.
7. Si, claro, señor, tenemos un telefono al lado de la barra.
8. ¿Me trae la cuenta, por favor? ¿Cuanto es?
9. Son 4 euros con 50 centimos, señor.
10. Aqui tiene, adios.
11. Adios, hasta luego, señor.

5 Korrigiere an folgenden Wörtern die Akzentsetzung:

1. jovenes
2. recepcion
3. frió
4. camára
5. alemána
6. simpatico
7. hospitáles
8. canciónes
9. adíos
10. dias
11. diréctor
12. discotéca
13. facil
14. dificil
15. carpéta
16. exámen
17. taréa
18. apéllido
19. pagina
20. españól

6 Wenn du alle Wörter korrigiert hast, trage sie ebenfalls in die Tabelle von Übung 3 ein, je nachdem, auf welcher Silbe sie korrekterweise betont sind!

© VERITAS-Verlag, Linz. DURCHSTARTEN – SPANISCH GRAMMATIK ÜBUNGSBUCH. Alle Rechte vorbehalten

2. KAPITEL: Satzbau

■ **Aussagesätze** folgen dem Schema **Subjekt – Prädikat – Objekt**.

Subjekt	Prädikat	Objekt, Ergänzung
Miguel	***estudia***	***español.***
Michael	lernt	Spanisch.
	Vamos	***al teatro.***
Wir	gehen	ins Theater.

■ Präge dir auch die wichtigsten **Fragewörter** ein:

¿cómo? – wie?
¿qué? – was?
¿dónde? – wo?
¿adónde? – wohin?
¿de dónde? – woher?
¿cuándo? – wann?

¿cuánto? – wie viel?
¿por qué? – warum?
¿para qué? – wofür?
¿quién? – wer?
¿cuál? – welche/r/s (von beiden)?

■ Beachte die unterschiedliche Verwendung von ***qué*** und ***cuál***.

Qué	
Vor Verb	***¿Qué dices?***
	Was sagst du?
Vor Nomen	***¿Qué ciudad te gusta más?***
	Was für eine Stadt gefällt dir am besten?
	¿Qué película quieres ver?
	Welchen Film möchtest du sehen?
Nach Präposition	***¿De qué se trata?***
	Worum handelt es sich?
	¿A qué hora sale el tren?
	Wann (um welche Uhrzeit) fährt der Zug ab?

Cuál	
Vor *ser*	***¿Cuál es tu maleta?***
	Welcher Koffer gehört dir?
	¿Cuáles son tus libros?
	Welche sind deine Bücher?
Vor *de*	***¿Cuál de estos bolígrafos es suyo?***
	Welcher dieser Kugelschreiber gehört Ihnen?

7 Ordne die folgenden Wörter zu Aussagesätzen:

1. profesora / Carmen / de / español / es.

   ....

2. italiano / hablamos / alemán / y.

   ....

3. tarde / vamos / esta / cine / al.

   ....

4. capital / de / es / Austria / Viena / la.

   ....

© VERITAS-Verlag, Linz. DURCHSTARTEN – SPANISCH GRAMMATIK ÜBUNGSBUCH. Alle Rechte vorbehalten

5. un / tengo / diccionario / español / de.

....

6. amigo / vive / Toledo / en / mi.

....

7. en / Austria / Innsbruck / está.

....

8. habla / Carlos / lenguas / cuatro.

....

9. comen / Michael / Nuria / en / restaurante / y / italiano / un.

....

10. es / mi / padre / en / médico / hospital / un.

....

8 Setze die fehlenden Fragewörter ein:

1. ¿............................ años tienes?
2. ¿............................vivís, en Toledo o en Madrid?
3. ¿A .... hora sale el autobús?
4. ¿............................ son estos señores que hablan con tu jefe?
5. ¿A .... te dedicas?
6. ¿............................ cuestan estos zapatos?
7. ¿Con .... sales esta noche?
8. ¿............................ de estas chicas es la novia de tu hermano?
9. Tengo tortilla de patatas o de jamón, ¿............................ prefieres?
10. ¿............................ prefieres, té o café?
11. ¿............................ vas?
12. ¿............................ viajas a España, en tren o en avión?

9 Frage nach den unterstrichenen Satzgliedern:

Modelo: *Mi novio tiene veinte años.* ▸ *¿Cuántos años tiene tu novio?*

1. Tengo cinco hermanos.

....

2. Esta tarde voy de compras con mi novia.

....

3. La semana que viene vamos a Toledo.

....

4. Mi amigo Pedro trabaja en una oficina.

....

5. Pepe es camarero.

....

6. Yo voy a beber una copa de vino.

....

© VERITAS-Verlag, Linz. DURCHSTARTEN – SPANISCH GRAMMATIK ÜBUNGSBUCH. Alle Rechte vorbehalten

7. Me llamo Alonso Martínez.

....

8. El autobús sale a las ocho en punto.

....

9. Carmen me escribe un correo electrónico.

....

10. Leo una novela.

....

11. No conozco a tu primo Manolo.

....

12. Yo vivo en Viena.

....

13. El domingo hacemos una excursión.

....

14. Quería una cerveza, por favor.

....

15. Mi mejor amigo estudia medicina.

....

16. Quiero comer un helado.

....

17. Mi novio va a París esta tarde.

....

10 Übersetze folgende Fragesätze:

1. Wann kommst du zurück?

....

2. Was möchtest du essen?

....

3. Woher kommst du?

....

4. Wo lebst du?

....

5. Wie viele Sprachen sprichst du?

....

6. Welche Sprachen sprichst du?

....

7. Was für einen Kurs möchtest du machen?

....

8. Wie heißt du?

....

9. Was ist dein Lieblingsgetränk?

....

10. Was kostet diese Sonnenbrille?

....

 © VERITAS-Verlag, Linz. DURCHSTARTEN – SPANISCH GRAMMATIK ÜBUNGSBUCH. Alle Rechte vorbehalten

11. Wo ist der Strand?

....

12. In welchem Hotel wohnen Sie?

....

13. Was möchtest du trinken?

....

14. Wie schreibt man „Tegucigalpa"?

....

15. Wie alt bist du?

....

11 Sind die folgenden Fragesätze richtig (*correcto*) oder falsch (*falso*)?

	C	F
1. ¿Cuál profesión tiene usted?		
2. ¿Qué es tu plato favorito?		
3. ¿Qué hace tu novia?		
4. ¿De dónde vives?		
5. ¿Dónde vienes?		
6. ¿Qué se llama usted?		
7. ¿Adónde vas de vacaciones?		
8. ¿Qué quieres para comer?		
9. ¿Por qué has comprado este coche?		
10. ¿Qué deporte prefieres?		
11. ¿A cuál hora llega el tren?		
12. ¿A qué se dedica tu novio?		
13. ¿Qué música te gusta más?		
14. ¿Quién va a comprar el vino para la fiesta?		
15. ¿Cuándo empiezas a trabajar?		
16. ¿Cuál es tu bolso – el negro o el azul?		
17. ¿Qué es su coche? ¿El negro que está allí?		
18. ¿Qué vas a comer?		
19. ¿A qué hora empieza el teatro?		
20. ¿De dónde vives?		

12 Verbinde die Fragen mit den passenden Antworten:

1. ¿Cómo se llaman tus padres?
2. ¿Dónde hay un estanco por aquí?
3. ¿Adónde vais de vacaciones este año?
4. ¿Qué idiomas hablas?
5. ¿Cuánto cuesta este jersey?
6. ¿Cuántos años tiene tu hermano mayor?
7. ¿A qué hora empieza el concierto?
8. ¿Con quién vas al cine hoy?
9. ¿De dónde eres?
10. ¿Cuál es tu móvil?
11. Tenemos estas camisetas, ¿cuál prefiere?

a. Yo soy de Alemania, de Múnich.
b. Este jersey azul cuesta 34 euros.
c. Tiene ya 29 años.
d. Mi padre se llama Alberto y mi madre Concha.
e. Me gusta más la camiseta verde.
f. Hay uno muy cerca, en la Plaza Mayor.
g. Yo hablo inglés, italiano, alemán y español.
h. Vamos a Mallorca.
i. Creo que empieza a las nueve.
j. Voy con mi amiga Nuria.
k. El mío es el de Vodafone, el azul.

© VERITAS-Verlag, Linz. DURCHSTARTEN – SPANISCH GRAMMATIK ÜBUNGSBUCH. Alle Rechte vorbehalten

3. KAPITEL: Verneinung

Einfache Verneinung	
Bejaht	**Verneint**
Vivo en Madrid.	***No** vivo en Madrid.*
Ich lebe in Madrid.	Ich lebe nicht in Madrid.
Te quiero.	***No** te quiero.*
Ich liebe dich.	Ich liebe dich nicht.
Me levanto a las seis.	***No** me levanto a las seis.*
Ich stehe um sechs Uhr auf.	Ich stehe nicht um sechs Uhr auf.

Doppelte Verneinung
***No** veo a **nadie**.*
Ich sehe niemanden.
***No** tomo **nunca** alcohol.*
Ich trinke niemals Alkohol.
***No** quiero **nada** para comer.*
Ich möchte nichts essen.
*Aquí **no** hay **ningún** hotel moderno.*
Hier gibt es kein modernes Hotel.

13 Verneine folgende Sätze:

Modelo: *Mis padres vuelven hoy.* ▶ *Mis padres no vuelven hoy.*

1. Mi novio y su familia viven en Valencia. ▶ ....
2. Juan habla alemán. ▶ ....
3. Quiero vender mi casa. ▶ ....
4. Tenemos mucho dinero. ▶ ....
5. Este año vamos de vacaciones a Inglaterra. ▶ ....
6. Leo todos los libros de "Harry Potter". ▶ ....
7. Ahora quiero bailar. ▶ ....
8. Carlos dice siempre la verdad. ▶ ....
9. Los alumnos estudian mucho. ▶ ....
10. Tengo que aprender esta tarde. ▶ ....

14 Beantworte alle Fragen negativ:

Modelo: *¿Vives en Madrid?* ▶ *No, no vivo en Madrid.*

1. ¿Quieres ir a la discoteca el sábado? ▶ ....
2. ¿Compras un nuevo ordenador? ▶ ....
3. ¿Me vas a llamar mañana? ▶ ....
4. ¿Quieres una cerveza? ▶ ....
5. ¿Haces siempre la tarea? ▶ ....
6. ¿Quieres ir a la playa el fin de semana? ▶ ....
7. ¿Tiene usted un coche grande? ▶ ....
8. ¿Haces un curso de español? ▶ ....
9. ¿Vive usted en un apartamento? ▶ ....
10. ¿Habláis portugués? ▶ ....

15 Übersetze:

1. Ich habe kein Auto. ▶ ....
2. Wir haben kein Geld. ▶ ....
3. Ich spreche nicht italienisch. ▶ ....
4. Wir möchten nichts kaufen. ▶ ....
5. Mein Vater hört nie zu. ▶ ....

© VERITAS-Verlag, Linz. DURCHSTARTEN – SPANISCH GRAMMATIK ÜBUNGSBUCH. Alle Rechte vorbehalten

16 Setze die Verneinungspartikel richtig in die Sätze ein:

nunca – nadie – ninguna – ningún – nada

1. Mi hermana no come .... chocolate.
2. En este pueblo no hay .... restaurante.
3. No tengo .... para ti, lo siento.
4. No hay .... nuevo.
5. ¿Tienes alguna revista española? – No, no tengo ....
6. En el periódico no hay .... interesante.
7. Por la mañana no tomo ...., ni café ni té.
8. No ha llamado ...., señora.
9. Este chico no comprende ....
10. En esta ciudad todavía no conozco a ....
11. No voy .... al teatro, me gusta más el cine.
12. No tengo .... libro español.

17 Bringe die Sätze in die richtige Reihenfolge:

1. es / estudiante / María / no / en / trabaja / oficina / una.

   ....

2. libro / me / no / nada / gusta / este.

   ....

3. piscina / no / ninguna / hay / aquí / por.

   ....

4. no / francés / estudiamos.

   ....

5. no / dinero / tengo / mucho.

   ....

6. semana / de / no / fin / este / salir / puedo.

   ....

7. española / difícil / la / no / gramática / es.

   ....

8. conozco / a / no / primo / tu / Paco.

   ....

9. alumnos / no / muchos / nada / desayunan.

   ....

10. niño / quiere / no / salir/ el.

    ....

11. nunca / no / llueve / casi / aquí.

    ....

12. leemos / muchos / no / libros / inglés / en.

    ....

© VERITAS-Verlag, Linz. DURCHSTARTEN – SPANISCH GRAMMATIK ÜBUNGSBUCH. Alle Rechte vorbehalten

4. KAPITEL: Zahlen

1. GRUNDZAHLEN

0 – *cero*

1 – *uno*	6 – *seis*	11 – *once*	16 – *dieciséis*
2 – *dos*	7 – *siete*	12 – *doce*	17 – *diecisiete*
3 – *tres*	8 – *ocho*	13 – *trece*	18 – *dieciocho*
4 – *cuatro*	9 – *nueve*	14 – *catorce*	19 – *diecinueve*
5 – *cinco*	10 – *diez*	15 – *quince*	20 – *veinte*

- Vor einem männlichen Nomen wird ***uno*** zu ***un***: 1 Euro = ***un*** *euro*

21 – *veintiuno*	28 – *veintiocho*	70 – *setenta*
22 – *veintidós*	29 – *veintinueve*	80 – *ochenta*
23 – *veintitrés*	30 – *treinta*	90 – *noventa*
24 – *veinticuatro*	31 – *treinta y uno*	100 – *cien*
25 – *veinticinco*	40 – *cuarenta*	110 – *ciento diez*
26 – *veintiséis*	50 – *cincuenta*	157 – *ciento cincuenta y siete*
27 – *veintisiete*	60 – *sesenta*	199 – *ciento noventa y nueve*

- ***Cien*** wird zu ***ciento***, wenn danach noch eine niedrigere Zahl kommt:
  100 Euro = ***cien*** *euros* 150 Euro = ***ciento*** *cincuenta euros*

200 – *doscientos, -as*	700 – ***setecientos***, *-as*
300 – *trescientos, -as*	800 – *ochocientos, -as*
400 – *cuatrocientos, -as*	900 – ***novecientos***, *-as*
500 – ***quinientos***, *-as*	1000 – *mil*
600 – *seiscientos, -as*	1.000.000 – *un millón*

- Eine Milliarde = *mil millones* – tausend Millionen
- Preise: 2 Euro 25 Cent = *dos euros con veinticinco (céntimos)*

2. ORDNUNGSZAHLEN

1. *primero, -a*	6. *sexto, -a*
2. *segundo, -a*	7. *séptimo, -a*
3. *tercero, -a*	8. *octavo, -a*
4. *cuarto, -a*	9. *noveno, -a*
5. *quinto, -a*	10. *décimo, -a*

- ***Primero*** und ***tercero*** werden zu ***primer*** und ***tercer*** verkürzt, wenn sie vor einem männlichen Nomen stehen:

  el ***primer*** *piso* – der erste Stock
  el ***tercer*** *hombre* – der dritte Mann
  Carlos ***Primero*** – Karl der Erste
  por ***primera*** *vez* – zum ersten Mal

3. MENGENANGABEN

1 kg = *un kilo*	500 g = *quinientos gramos*
$1\frac{1}{2}$ kg = *kilo y medio*	$\frac{1}{2}$ l = *medio litro*
$\frac{1}{2}$ kg = *medio kilo*	2 l = *dos litros*
$\frac{1}{4}$ kg = *un cuarto de kilo*	

- Beachte, dass vor *medio* der unbestimmte Artikel *un* entfällt:
  ein halbes Kilo: ~~*un*~~ *medio kilo*
- Bei Mengenangaben ist der Teilungsartikel ***de*** zu verwenden:
  medio kilo ***de*** *jamón* – ein halbes Kilo Schinken
- Ebenso ist das ***de*** zu verwenden, wenn man **Millionenbeträge** angibt:
  tres millones ***de*** *habitantes* – drei Millionen Einwohner

© VERITAS-Verlag, Linz. DURCHSTARTEN – SPANISCH GRAMMATIK ÜBUNGSBUCH. Alle Rechte vorbehalten

18 Schreibe folgende Zahlen aus:

1. 444: ....
2. 1561: ....
3. 517: ....
4. 2100: ....
5. 711: ....
6. 1932: ....
7. 5615: ....
8. 89: ....
9. 102: ....
10. 361: ....

19 Setze die passenden Ordnungszahlen ein:

1. Vivo en el (1.) .... piso.
2. Tiene que tomar la (3.) .... calle a la derecha.
3. Ya te lo digo por (2.) .... vez.
4. Carlos es el (5.) .... hijo de María y Manolo.
5. En la (4.) .... planta del supermercado se pueden comprar discos y vídeos.
6. El (8.) .... capítulo de este libro es muy interesante.

20 Du gibst eine telefonische Bestellung im Supermarkt auf – übertrage den Einkaufszettel:

$\frac{1}{4}$ kg fresas	1 kg naranjas
2 kg patatas	$\frac{1}{2}$ kg tomates
1 l leche	$1\frac{1}{2}$ kg uvas
2 botellas vino tinto (Rioja)	700 g carne picada
250 g jamón serrano	5 yogures
500 g queso manchego	

A: Supermercado Baratísimo, buenos días. ¿Qué desea?

B: Buenos días. Quería ....

....

....

....

....

A: Muchas gracias. Enseguida se lo traemos todo.

21 Ergänze die folgenden Angaben:

1. Austria tiene unos .... habitantes.
2. Alemania tiene unos .... habitantes.
3. España tiene unos .... habitantes.
4. México tiene unos .... habitantes.
5. En total unos .... personas hablan español como lengua materna.

© VERITAS-Verlag, Linz. DURCHSTARTEN – SPANISCH GRAMMATIK ÜBUNGSBUCH. Alle Rechte vorbehalten

5. KAPITEL: Nomen

Männlich		Weiblich	
el muchacho	der Junge	*la muchacha*	das Mädchen
el señor	der Herr	*la señora*	die Frau
el amor	die Liebe	*la verdad*	die Wahrheit
el ordenador	der Computer	*la comunicación*	die Kommunikation
el viaje	die Reise	*la carne*	das Fleisch

- **Männliche** Nomen enden häufig auf ***-o***, ***-or***, **weibliche** auf ***-a***, ***-ad***, ***-ción***, ***-ión***.
  Nomen auf ***-e*** sind nicht eindeutig zu bestimmen, man muss den Artikel dazulernen.
  Darüber hinaus gibt es auch ein paar Ausnahmen von dieser Regel, wie zB ***el día, el idioma, el problema*** oder ***la foto, la mano, la radio.***

- Um den Plural zu bilden, hängt man an Wörter, die auf Vokal enden, ein **-s** an, endet ein Nomen auf einen Konsonanten, hängt man ***-es*** an.

Einzahl		Mehrzahl	
viaje	Reise	*viaj**es***	Reisen
casa	Haus	*casa**s***	Häuser
señor	Herr	*señor**es***	Herren
enfermedad	Krankheit	*enfermedad**es***	Krankheiten
país	Land	*país**es***	Länder
rey	König	*rey**es***	Könige

- **Einige Nomen, die in der Einzahl auf *-s*** enden, **verändern** sich im Plural **nicht:**
  el martes – der Dienstag   *los martes* – die Dienstage

22 Ordne die folgenden Nomen in die richtige Spalte ein:

libro, grupo, mesa, diccionario, madre, padre, hermana, helado, comida, fruta, concierto, mano, lengua, idioma, problema, directora, profesor, escuela, colegio, ciudad, televisor, televisión, película, atracción, estación, cuerpo, bebida, vino, escritor, ejercicio, revista, periódico, año, domingo, dinero, camisa, cantante, pintor, dibujo, teléfono, teatro, novio, foto, cámara, maleta.

Männlich	Weiblich

 © VERITAS-Verlag, Linz. DURCHSTARTEN – SPANISCH GRAMMATIK ÜBUNGSBUCH. Alle Rechte vorbehalten

23 Finde zu folgenden Berufsbezeichnungen die männliche bzw. weibliche Entsprechung:

Männlich	Weiblich
1. enfermero	1.
2.	2. médica
3. profesor	3.
4.	4. directora
5. taxista	5.
6.	6. dentista
7. camarero	7.
8.	8. programadora
9. ministro	9.

24 Bilde den Plural:

1. profesor – ....
2. bolígrafo – ....
3. bar – ....
4. catedral – ....
5. ciudad – ....
6. país – ....
7. pasaporte – ....
8. canción – ....
9. árbol – ....
10. flor – ....
11. comida – ....
12. apellido – ....
13. día – ....
14. joven – ....

25 Trage die entsprechende Einzahlform in die Tabelle ein:

Einzahl	Mehrzahl
	1. nombres
	2. restaurantes
	3. números
	4. calles
	5. direcciones
	6. móviles
	7. lunes
	8. futbolistas
	9. relaciones

26 Setze, wo nötig, die Akzente:

1. jovenes
2. informacion
3. profesiones
4. examenes
5. jardin
6. jardines
7. imagenes
8. cancion
9. paises
10. discusion
11. dias
12. estaciones
13. television
14. tradiciones
15. hoteles
16. pensiones

© VERITAS-Verlag, Linz. DURCHSTARTEN – SPANISCH GRAMMATIK ÜBUNGSBUCH. Alle Rechte vorbehalten

6. KAPITEL: Artikel

- **Bestimmter Artikel**

	Einzahl	Mehrzahl
Männlich	***el*** *libro*	***los*** *libros*
	das Buch	die Bücher
Weiblich	***la*** *mujer*	***las*** *mujeres*
	die Frau	die Frauen

- Die sächliche Form ***lo*** wird nur mit Adjektiven und Ordnungszahlen verwendet:
  *Eso es **lo primero** que tienes que hacer.* – Das ist das Erste, was du machen musst.
  *Esto es **lo** más importante.* – Das ist das Wichtigste.

- **Männlicher Artikel und Präposition**
  - Steht ***el*** nach ***a*** bzw. ***de***, so wird zu ***al*** bzw. ***del*** verschmolzen!
    *Voy **al** teatro.* – Ich gehe ins Theater.
    *Este es el libro **del** profesor.* – Das ist das Buch des Lehrers.

- **Unbestimmter Artikel**

	Einzahl	Mehrzahl
Männlich	***un*** *libro*	***unos*** *libros*
	ein Buch	einige Bücher
Weiblich	***una*** *mujer*	***unas*** *mujeres*
	eine Frau	einige Frauen

- Die Mehrzahl des unbestimmten Artikels wird im Sinn von „einige" verwendet:
  unos amigos – einige Freunde

27 Setze die bestimmten Artikel ein:

1. .... señorita, 2. .... cine, 3. .... noche, 4. .... coche, 5. .... hotel,
6. .... restaurante, 7. .... carpeta, 8. .... ejercicio, 9. .... examen, 10. .... casa,
11. .... café, 12. .... carne, 13. .... vino, 14. .... refresco, 15. .... cerveza,
16. .... ciudad, 17. .... mujer, 18. .... problema, 19. .... día, 20. .... playa.

28 Setze jetzt alle Wörter aus Übung 27 in die Mehrzahl!

29 Setze die unbestimmten Artikel ein!

1. .... página, 2. .... número, 3. .... planta, 4. .... alumno, 5. .... helado,
6. .... habitación, 7. .... colegio, 8. .... manzana, 9. .... tomate, 10. .... estación,
11. .... país, 12. .... profesión, 13. .... niño, 14. .... pintor, 15. .... museo,
16. .... mano, 17. .... radio, 18. .... mapa, 19. .... cámara, 20. .... amigo.

30 Übersetze:

1. einige Bücher, 2. der Schüler, 3. die Übungen, 4. eine Schule, 5. der Apfel, 6. die Tage, 7. eine Nacht, 8. Reisen,
9. Städte, 10. das Land, 11. der Reisepass, 12. einige Lieder, 13. die Lehrer, 14. einige Restaurants, 15. Zitronen,
16. die Bilder, 17. der Tisch, 18. die Schokolade, 19. das Problem, 20. das Radio.

© VERITAS-Verlag, Linz. DURCHSTARTEN – SPANISCH GRAMMATIK ÜBUNGSBUCH. Alle Rechte vorbehalten

31 Setze die bestimmten oder unbestimmten Artikel ein:

1. Mi novio tiene .... ojos azules y .... pelo rubio.
2. .... domingo hacemos .... excursión a Segovia.
3. En .... escritorio hay .... libros y .... carpeta.
4. .... mochila azul está todavía en .... coche.
5. En .... días vamos a tener todo .... dinero que necesitamos.
6. Quiero comprar .... blusa y .... zapatos negros.
7. Carlos necesita .... diccionario de alemán. .... diccionario que tiene es muy malo.
8. .... sábados no tenemos clase.
9. Juan y Marta sólo tienen .... hijo.
10. .... más importante en la vida es la salud.
11. El autobús sale a .... nueve de .... mañana.
12. Voy a tomar .... copa de vino y .... menú del día número 8.
13. No hay nada interesante en .... tele hoy.
14. Salimos en .... hora.
15. .... vino me gusta más que .... cerveza.

32 Bilde Sätze und achte dabei auf die Zusammenziehung von *de* bzw. *a* mit *el*:

Modelo: *las / busco / llaves / de / coche / el* ▶ Busco las llaves del coche.

1. juego / no / a / tenis / el. ▶ ....
2. el / es / este / profesor / libro / el / de. ▶ ....
3. sé / no / solución / ejercicio / el / la / de. ▶ ....
4. está / el / monitor / ordenador / de / el / roto. ▶ ....
5. simpática / la / secretaria / jefe / el / de / es / muy. ▶ ....
6. no / hoy / ir / quiero / cine / el / a. ▶ ....
7. veo / a / no / niño / el. ▶ ....
8. hoy / el / a / voy / médico. ▶ ....
9. tomamos / menú / el / día / el / de. ▶ ....
10. es / Madrid / la / capital / de / país / el. ▶ ....

33 Wo fehlen Artikel? Beachte, dass vor *otro/a* und *medio/a* der unbestimmte Artikel entfällt!

1. Buenos días, ... señor Sampere, ¿cómo está?
2. ¿Me trae .... otra botella de agua mineral, por favor?
3. Tengo que comprar .... medio litro de leche para .... desayuno.
4. .... doctor Martínez es muy amable, ¿no?
5. ¿Ves .... blusa verde en el escaparate? Me gusta mucho.
6. ¿Me das .... otro trozo de tarta, por favor? Está muy rica.
7. Mire, ... señora Rodero, éstos son nuestros nuevos modelos.
8. Tenemos que salir en .... media hora.
9. Por favor, póngame .... medio kilo de tomates y .... kilo de patatas.

© VERITAS-Verlag, Linz. DURCHSTARTEN – SPANISCH GRAMMATIK ÜBUNGSBUCH. Alle Rechte vorbehalten

7. KAPITEL: Adjektive

Männlich	Weiblich	Männlich / Weiblich
*el chico list**o*** *el hombre hablad**or***	*la chica list**a*** *la mujer hablador**a***	*el alumno / la alumna optim**ista*** *el señor / la señora amabl**e*** *el vestido / la corbata azu**l*** *el coche / la nube gri**s***

Männlich	Weiblich	Männlich / Weiblich
*el cóctel cuban**o*** *el bar españo**l*** *el libro alem**án*** *el queso franc**és***	*la canción cuban**a*** *la espada españo**la*** *la cerveza alem**ana*** *la tortilla franc**esa***	*el chocolate / la ciudad belg**a*** *el circo / la actriz canadien**se*** *el amigo / la amiga marroq**uí***

1. Die Mehrzahlbildung verläuft wie beim Nomen: *el chico list**o*** ▸ *los chicos list**os**.*
2. Das männliche Nomen hat immer Vorrang: *Las chic**as** y los chic**os** son muy guap**os**.*
3. Adjektive stehen normalerweise hinter dem Nomen: *Me gusta la comida **española**.*
4. Adjektive wie ***mucho***, ***poco***, ***otro*** und ***tanto*** stehen immer vor dem Nomen:
   *En el bar hay **mucha** gente.*
5. Vor einem männlichen Nomen entfällt bei ***bueno, malo, primero*** oder ***tercero*** die Endung ***-o***:
   *Es un **buen** hotel. El hotel es buen**o**. Vivo en el **tercer** piso. Vivo en el tercer**o**.*
6. Vor männlichen und weiblichen Nomen verliert ***grande*** seine Endung ***-de***:
   *Es un **gran** músico. Madrid es una **gran** ciudad.*
7. Adjektive können mit ***más*** und ***menos*** gesteigert werden:
   - Für den Komparativ verwendest du ***más / menos*** + Adjektiv + ***que***:
     *La chaqueta es **más** ancha **que** la falda.* (= Überlegenheit)
     *Este jersey es **menos** bonito **que** el otro.* (= Unterlegenheit)
   - Gleichen die Elemente einander, verwendest du ***tan*** + Adjektiv + ***como***:
     *Los pantalones grises son **tan** caros **como** los azules.* (= Gleichheit)
   - Für den Superlativ verwendest du ***el / la / los / las*** + ***más / menos*** + Adjektiv:
     *Esta camisa es **la más** barata.*
   - Beachte die unregelmäßigen Steigerungsformen:
     bueno ▸ ***mejor**,* *malo* ▸ ***peor**,* *grande* ▸ ***mayor**,* *pequeño* ▸ ***menor***

34 Ergänze die Tabelle:

Männlich (Ez.)	Weiblich (Ez.)	Männlich (Mz.)	Weiblich (Mz.)
grande			
	alta		
		calientes	
			guapas
		largos	
	inteligente		
verde			
	sucia		
		rápidos	
			pocas
		difíciles	
	fina		

© VERITAS-Verlag, Linz. DURCHSTARTEN – SPANISCH GRAMMATIK ÜBUNGSBUCH. Alle Rechte vorbehalten

35 Ergänze die richtigen Endungen, wo es notwendig ist:

1. Estos pantalones roj.......... no me gustan tanto como los gris.......... .
2. ¿Has visto aquellas ofertas fantástic..........? Tienes que comprarte un móvil nuev.......... .
3. En su oficina trabaja much.......... gente trabajador.......... .
4. Tanto sus hijas como sus hijos son de estatura normal.........., pero bastante gord.......... y fe.......... .
5. Mi novia lleva el pelo cort.........., tiene ojos clar.........., pestañas muy larg.........., labios fin.......... y sensual.......... y su nariz es pequeñ.......... .
6. Su hermano tiene buen.......... tipo, me parece muy simpátic.......... y muy modern.......... .
7. Esta chica y este chico son de Italia, son italian.......... .
8. En este restaurante puedes comer la típic.......... paella valencian.......... porque cocina un gran.......... cocinero.
9. En aquella zona del norte se producen vinos tint.........., blanc.......... y rosad.......... .
10. A mí no me gusta nada el vino. Prefiero las cervezas aleman.......... .
11. Sue es de Londres. Es ingles.......... y trabaja en una pequeñ.......... escuela de idiomas. Además da clases particular.......... en su piso gran.......... que está en la tercer.......... planta de una casa muy antigu.......... .
12. Hay que entrenar much.......... horas para ganar una carrera.
13. Madrid es una ciudad gran.......... y modern.......... con avenidas anch.......... y much.......... parques.
14. En los alrededores de la ciudad hay enorm.......... zonas industrial.........., por eso la vida en la ciudad es peor.......... que en el campo.
15. Casi todos los empleados del banco llevan trajes gris.......... y corbatas azul.......... .
16. El curso de español es muy buen.......... e interesant.......... pero con los horarios español.......... tengo much.......... dificultades.
17. El sábado estuve en una fiesta bastante divertid.......... en casa de Carlos.
18. Conocí a sus amigos argentin.......... de Buenos Aires. Son sus mejor.......... amigos.
19. Las clases de matemáticas son muy aburrid.......... .
20. ¿No le parece a usted de muy mal.......... gusto permitir a tant.......... fumadores en este bar tan estrech..........?
21. La sopa no me gusta nada porque está frí.......... . Yo la prefiero calient.......... .
22. Todos los coches que están aparcad.......... en esta calle estrech.......... están muy suci.......... .

36 Wie lauten die fehlenden Sprachen und Nationalitäten?

Männlich (Ez.)	Weiblich (Ez.)	Männlich (Mz.)	Weiblich (Mz.)
irlandés			
	lituana		
		daneses	
			griegas
		belgas	
	maltesa		
ucraniano			
	checa		
		turcos	
			eslovacas
		finlandeses	
	polaca		

© VERITAS-Verlag, Linz. DURCHSTARTEN – SPANISCH GRAMMATIK ÜBUNGSBUCH. Alle Rechte vorbehalten

37 Ergänze die passenden Nationalitätsadjektive:

1. Somos de México y hablamos ....
2. En Gran Bretaña se habla .... Mi amiga es de allí, ella es ....
3. Nosotros queremos vivir en Moscú, pero no hablamos ....
4. Granada y Torremolinos están en España, son unas ciudades ....
5. Berlín es la capital ....
6. Paul nació en Inglaterra. Tiene la nacionalidad ....
7. Un baile muy famoso de Argentina es el tango ....
8. En Cuba se suele beber el mojito. Es un cóctel ....
9. Para preparar la tortilla .... se necesitan huevos y patatas.
10. Los chicos y las chicas que viven en Bolivia son ....
11. Pablo Picasso y Joan Miró eran pintores ....
12. Creta es una isla ....
13. Jaime y Pilar son nombres ....
14. Luis XIV era un rey ....

38 Bilde aus den folgenden Silben Gegensatzpaare:

cil – fá– ~~pá~~ – do – mi – tí – ~~co~~ – te – gen – li – te – in – ~~ti~~ – do – gor
so – ~~ti~~ – ro – ne – ge – to – ra – ba– ~~pá~~ – de – gran – cil – fi – di– ~~ti~~– ~~sim~~
~~an~~ – to – er – bi – a – to – ton – do – ga – del – ño – ca – ta – ro – ca – ño – que – pe – ~~co~~

1. *simpático – antipático*
2. ....
3. ....
4. ....
5. ....
6. ....
7. ....
8. ....

39 Bilde nun aus den folgenden Elementen sinnvolle Sätze:

Modelo: *la actriz americana / la actriz inglesa, simpático* ▶ – / + (!) / =
La actriz americana es ***menos*** *simpática* ***que*** *la inglesa.*
La actriz inglesa es ***más*** *simpática* ***que*** *la americana. Es* ***la más*** *simpática.*
La actriz americana es ***tan*** *simpática* ***como*** *la inglesa.*

1. este chico / aquella chica, abierto ▶ + / – (!) / =
2. los zorros / las vacas, inteligente ▶ + / –
3. el elefante / el ratón, gordo ▶ + / –
4. la falda / los pantalones, barato ▶ + / – / =
5. los árboles / las casas, alto ▶ + / – / =
6. España / Austria, grande ▶ + / –
7. la gramática / la pronunciación, difícil ▶ + / – / =
8. la vida en la ciudad / la vida en el campo, caro ▶ + (!) / – / =
9. sus sobrinos / sus sobrinas, tímido ▶ + / – / =
10. el profesor de inglés / la profesora de ruso, antipático ▶ + / – / =
11. los abuelos / los padres, generoso ▶ + / – (!) / =
12. la modelo / el deportista, delgado ▶ + / –

 © VERITAS-Verlag, Linz. DURCHSTARTEN – SPANISCH GRAMMATIK ÜBUNGSBUCH. Alle Rechte vorbehalten

8. KAPITEL: Adverb

Adjektiv	Grundform	Übergangsform	+ *-mente*
auf ***o/a***	*rápid**o/a***	*rápid**a*** (weibl.)	*rápida**mente***
auf ***e***	*paciente*	*paciente*	*paciente**mente***
auf **Konsonant**	*natural*	*natural*	*natural**mente***

1. Folgen zwei oder mehr Adverbien aufeinander, hat nur das letzte die Endung ***-mente***:
   *Lo hicieron **perfecta** y **cuidadosamente**.*
2. Adverbien können am Satzanfang, in der Mitte oder am Satzende stehen:
   ***Sólo** tengo cinco euros. Eso es **totalmente** falso. Ahora gastamos **menos**.*
3. Einige werden nicht vom Adjektiv abgeleitet. Dazu zählen die Adverbien (Auswahl)
   - der Zeit: *ayer, hoy, mañana, ahora, antes, después, luego, siempre, nunca, todavía, pronto, tarde, temprano* etc.
   - des Ortes: *aquí, allí, arriba, abajo, delante, detrás, dentro, fuera, cerca, lejos* etc.
   - der Art und Weise: *bien, mal, peor, mejor, así* etc.
   - der Menge: *muy, mucho, poco, demasiado, bastante, casi, más, menos, sólo, tan, tanto, nada* etc.
   - der Verneinung: *no, nunca, jamás, tampoco* etc.
   - der Bejahung: *sí, también* etc.
   - des Zweifels: *quizá(s), tal vez, acaso* etc.
4. ***Muy** ≠ **mucho*** und ***tan** ≠ **tanto***:

*Carmen es **muy** trabajadora.* *Cantan **muy** bien.* *¡Qué mujer **tan** habladora!*	≠ ≠ ≠	*Carmen trabaja **mucho**.* *Cantan **mucho**.* *Habla **tanto**.*	**Beachte:** ***Mucho/a/os/as*** und ***tanto/a/os/as*** können auch Adjektiv sein!
Muy (sehr) / ***tan*** (so) steht vor Adjektiv oder Adverb		***mucho*** (sehr, viel) / ***tanto*** (so viel) steht bei einem Zeitwort	

5. ***Bien** ≠ **bueno*** und ***mal** ≠ **malo***:

*Este yogur sabe **bien**.* *Carlos escribe **mal**.*	≠ ≠	*Es un yogur **bueno**.* *Es un alumno **malo**.*	**Beachte:** *Estoy **bien / mal**.*

40 Leite von folgenden Adjektiven die entsprechenden Adverbien ab:

1. cruel ....
2. maravilloso ....
3. seguro ....
4. ordenado ....
5. tranquilo ....
6. actual ....
7. total ....
8. probable ....
9. posible ....
10. violento ....
11. feliz ....
12. elegante ....
13. cómodo ....
14. fácil ....
15. lento ....
16. frecuente ....
17. general ....
18. cariñoso ....

41 Welches Wort passt nicht?

1. tampoco – no – nunca – bastante
2. mañana – luego – antes – a la izquierda
3. malo – bien – mejor – mal
4. mucho – poco – demasiado – ordenado
5. aquí – temprano – detrás – arriba
6. rápidamente – pronto – todavía – luego
7. sólo – tanto – pocos – mucho
8. más – menos – bastante – peor
9. malo – bueno – mucho – bien
10. seguramente – quizás – tal vez – acaso
11. quizá(s) – sí – ciertamente – también
12. ayer – hoy – mañana – delante

© VERITAS-Verlag, Linz. DURCHSTARTEN – SPANISCH GRAMMATIK ÜBUNGSBUCH. Alle Rechte vorbehalten

42 Ergänze mit *muy* oder *mucho/a/os/as*:

1. No te lo puedes imaginar, es un chico bastante listo, sabe ....
2. Esto está .... bien.
3. Durante nuestra estancia en Madrid hemos vivido ....
4. Te veo .... triste. ¿Qué te pasa?
5. .... gente suele pasar sus vacaciones en la playa.
6. Eres muy egoísta, pero te quiero ....
7. María y Antonio son .... simpáticos.
8. En esta ciudad he conocido a .... gente. Es .... simpática.
9. Por la mañana he hecho .... cosas: he desayunado .... bien y he llamado a .... amigos; ahora estoy .... cansado.
10. Oye, chico, ¿te gusta mi novia? – Sí, ...
11. Estos pantalones no me gustan nada, me quedan .... estrechos.
12. ¿A cuántas personas has invitado a tu fiesta de cumpleaños? – Pues, a ....
13. Trabajamos .... y .... bien.
14. Después del examen me sentía .... débil.
15. El boxeo, para ...., es un deporte cruel. – Para mí también, me cansa ....
16. Las calles de Toledo son .... estrechas.
17. Este niño es .... más listo que sus hermanos.
18. Mi abuela baja las escaleras .... despacio. Tiene .... miedo de caerse.
19. Estos chicos suelen mentir ....
20. Lo siento ...., no puedo ayudarte, es que estoy .... mal.
21. Mi abuelo se murió hace .... años, pero me siguen hablando .... bien de él.
22. Suelo dormir .... los fines de semana.
23. .... gracias, señora, es usted .... amable.
24. En la Feria de Abril se va .... a los toros.

43 Ergänze mit *tan* oder *tanto/a/os/as*:

1. ¡Qué chico .... simpático! Me gusta ....
2. ¿Qué piensas tú? ¿Es .... inteligente como su hermano? – Pues, sí, creo que sabe .... como él.
3. Habla ruso .... bien como tú, pero no tiene .... amigos rusos.
4. En el teatro hay .... gente como ayer.
5. Lo siento, no puedo acompañarte, es que tengo .... trabajo que no sé por dónde empezar.
6. Vivo .... cerca que no necesito coger el metro.
7. Están esperando .... personas que de momento no me apetece entrar.
8. Esta película es .... mala que nadie quiere verla.

44 Ergänze mit *bien* oder *bueno/a/os/as*:

1. Esta tortilla sabe muy .... 2. Tu amigo es un .... compañero. 3. Fue una .... oportunidad para probar .... vino. 4. Has cometido muchos errores, o sea, tu tarea no está .... hecha. 5. Comer fruta es muy .... para la salud. 6. Las notas de mi hijo no son .... 7. Ayer hizo muy .... tiempo. 8. ¡........................ noches a todos! ¿Estáis ....?

 © VERITAS-Verlag, Linz. DURCHSTARTEN – SPANISCH GRAMMATIK ÜBUNGSBUCH. Alle Rechte vorbehalten

45 Ergänze mit *mal* oder *malo/a/os/as*:

1. El champán que has comprado es muy ...., no se puede ofrecer a los huéspedes.
2. Estaba muy ...., casi no podía levantarse por la mañana.
3. Trabaja de traductor, pero en general traduce bastante .... del español al inglés.
4. Después del huracán la autopista está en .... condiciones.
5. Esta frase está ...., no es la solución correcta.
6. Carmen baila tan .... como Carlos.
7. Sus hijos son unos chicos ...., siempre me sacan la lengua.
8. Mis zapatillas nuevas son muy ...., mis pies me duelen muchísimo.

46 Suche die Gegensatzpaare:

1. pronto	a. fuera
2. dentro	b. tarde
3. arriba	c. deprisa
4. delante	d. cerca
5. despacio	e. detrás
6. lejos	f. abajo

47 Ergänze in den folgenden Sätzen die Adverbien aus Aufgabe 46:

1. ¡Hable más ...., por favor!
2. .... de poco empezará a nevar.
3. Carmen vive bastante ...., por eso suele ir en coche.
4. ¿Hay una cabina de teléfono .... de aquí?
5. Hoy casi todos los alumnos han llegado ....
6. El médico está ...., se ha ido a esquiar.
7. La iglesia no está aquí, está ....; tiene que subir unos cien metros.
8. .... del hotel hay un botones que está esperando el taxi.
9. Carlitos está sentado .... porque siempre lo llevo en el asiento trasero.
10. Tengo que terminar mis trabajos .... y corriendo.
11. .... harán tanto ruído que mis vecinos de .... y yo no podremos dormir.

48 Ergänze in den folgenden Adjektiven die notwendigen Vokale, bilde die Adverbien und ordne sie den deutschen Entsprechungen zu:

1.	__bs__s__ __n__d__		a. ehrlich
2.	h__nr__d__		b. übertrieben
3.	__r__n__c__		c. oberflächlich
4.	s__p__rf__c__ __l		d. schüchtern
5.	__sp__nt__n__ __		e. besessen
6.	s__nc__ll__		f. diskret
7.	t__m__d__		g. ironisch
8.	d__scr__t__		h. spontan
9.	__x__g__r__d__		i. einfach

© VERITAS-Verlag, Linz. DURCHSTARTEN – SPANISCH GRAMMATIK ÜBUNGSBUCH. Alle Rechte vorbehalten

9. KAPITEL: Verben im Präsens

- Man unterscheidet **drei Verbkonjugationen** nach der Endung des Infinitivs auf ***-ar***, ***-er*** und ***-ir***:

	hablar sprechen	***comer*** essen	***escribir*** schreiben
yo	*habl**o***	*com**o***	*escrib**o***
tú	*habl**as***	*com**es***	*escrib**es***
él, ella, usted	*habl**a***	*com**e***	*escrib**e***
nosotros, -as	*habl**amos***	*com**emos***	*escrib**imos***
vosotros, -as	*habl**áis***	*com**éis***	*escrib**ís***
ellos, ellas, ustedes	*habl**an***	*com**en***	*escrib**en***

- Die **Endungen** enthalten bereits die **vollständige Personalform**, d.h., man muss das Personalpronomen (*yo, tú* ...) nicht immer dazusagen.

- Einige Verben weisen orthografische Veränderungen in der 1. Person Einzahl (Ich-Form) auf:
  1. Verben auf *-ecer, -ocer, -ucir*:
  ofrecer (anbieten) ▸ *ofrezco, ofreces* ...
  conocer (kennen) ▸ *conozco, conoces* ...
  conducir (fahren, lenken) ▸ *conduzco, conduces* ...
  Ebenso: *agradecer, crecer, nacer, obedecer, permanecer, pertenecer, reconocer, producir, traducir* ...

  2. Verben auf *-ger, -gir*:
  coger (nehmen) ▸ *cojo, coges* ...
  dirigir (leiten) ▸ *dirijo, diriges* ...
  Ebenso: *proteger, corregir, elegir* ...

- Besonders zu beachten sind die **Verben mit Diphthong** bzw. **Vokalwechsel** in den **stammbetonten** Formen:

e ▸ ie	***o ▸ ue***	***u ▸ ue***	***e ▸ i***
cerrar – schließen	***poder*** – können	***jugar*** – spielen	***pedir*** – bitten
*c**ie**rro*	*p**ue**do*	*j**ue**go*	*p**i**do*
*c**ie**rras*	*p**ue**des*	*j**ue**gas*	*p**i**des*
*c**ie**rra*	*p**ue**de*	*j**ue**ga*	*p**i**de*
cerramos	*podemos*	*jugamos*	*pedimos*
cerráis	*podéis*	*jugáis*	*pedís*
*c**ie**rran*	*p**ue**den*	*j**ue**gan*	*p**i**den*

- Weitere wichtige Verben mit diesen Veränderungen sind:
  e ▸ ie: *comenzar, despertarse, empezar, encender, entender, mentir, nevar, pensar, preferir, querer, recomendar, sentar(se), sentir(se)*
  o ▸ ue: *contar, costar, doler, dormir, encontrar, llover, morir, mostrar, mover, oler, probar, sonar, soñar, volver*
  e ▸ i: *corregir, despedirse, elegir, impedir, medir, reír, repetir, seguir, servir, vestirse*

- Bei Verben auf ***-uir*** wird in den stammbetonten Formen ein ***-y-*** eingeschoben:

huir – flüchten
*hu**y**o*
*hu**y**es*
*hu**y**e*
huímos
huís
*hu**y**en*

Ebenso: *concluir, construir, destruir, disminuir*

© VERITAS-Verlag, Linz. DURCHSTARTEN – SPANISCH GRAMMATIK ÜBUNGSBUCH. Alle Rechte vorbehalten

■ Viele der am häufigsten gebrauchten Verben sind unregelmäßig:

ser – sein	***estar*** – sein, sich befinden	***ir*** – gehen, fahren	***dar*** – geben
soy	*estoy*	*voy*	*doy*
eres	*estás*	*vas*	*das*
es	*está*	*va*	*da*
somos	*estamos*	*vamos*	*damos*
sois	*estáis*	*vais*	*dais*
son	*están*	*van*	*dan*

decir – sagen	***ver*** – sehen	***oír*** – hören	***tener*** – haben	***hacer*** – machen, tun	***poner*** – setzen
digo	***veo***	***oigo***	***tengo***	***hago***	***pongo***
dices	*ves*	*oyes*	*tienes*	*haces*	*pones*
dice	*ve*	*oye*	*tiene*	*hace*	*pone*
decimos	*vemos*	*oímos*	*tenemos*	*hacemos*	*ponemos*
decís	*veis*	*oís*	*tenéis*	*hacéis*	*ponéis*
dicen	*ven*	*oyen*	*tienen*	*hacen*	*ponen*

traer – bringen	***saber*** – wissen, können	***venir*** – kommen	***salir*** – weggehen	***caer*** – fallen
traigo	***sé***	***vengo***	***salgo***	***caigo***
traes	*sabes*	*vienes*	*sales*	*caes*
trae	*sabe*	*viene*	*sale*	*cae*
traemos	*sabemos*	*venimos*	*salimos*	*caemos*
traéis	*sabéis*	*venís*	*salís*	*caéis*
traen	*saben*	*vienen*	*salen*	*caen*

49 Verbinde die spanischen mit den entsprechenden deutschen Formen:

1. compráis
2. aprendes
3. estudian
4. vivo
5. hablamos
6. comprendes
7. abrís
8. coméis
9. escucho
10. preguntan

a. ihr öffnet
b. ich lebe
c. du verstehst
d. ihr kauft
e. ich höre
f. sie fragen
g. du lernst
h. wir sprechen
i. sie studieren
j. ihr esst

50 In dieser *sopa de letras* verbergen sich 18 regelmäßige Verbformen. Finde sie und trage sie zur entsprechenden Person ein:

A	B	R	O	L	L	E	G	O	P
C	V	E	N	D	E	M	O	S	R
O	E	S	C	U	C	H	A	P	E
N	A	T	P	A	G	A	I	S	G
T	I	U	S	T	A	B	L	C	U
E	P	D	B	O	D	L	E	O	N
S	E	I	E	M	E	O	E	M	T
T	R	A	B	A	J	A	S	E	A
A	M	I	E	N	T	R	A	S	M
S	I	S	M	V	I	S	I	T	O
C	T	U	O	D	A	M	S	O	S
D	O	E	S	C	R	I	B	E	N

Yo: ....

Tú: ....

Él, ella, usted: ....

Nosotros, -as: ....

Vosotros, -as: ....

Ellos, ellas, ustedes: ....

© VERITAS-Verlag, Linz. DURCHSTARTEN – SPANISCH GRAMMATIK ÜBUNGSBUCH. Alle Rechte vorbehalten

51 Setze die Verbformen ein:

1. Yo (vivir) .... en Madrid, mis padres (vivir) .... en Barcelona.
2. ¿A qué hora (salir) .... el autobús? – (Salir) .... a las nueve y (llegar) .... a las diez y media.
3. Marta y yo (estudiar) .... medicina, mi hermano (estudiar) .... arquitectura.
4. ¿Tú (leer) .... mucho? – No, no (leer, yo) .... mucho, pero sí (escuchar) .... mucha música.
5. En clase los alumnos (escribir) .... muchos ejercicios.
6. Yo no (hablar) .... italiano, pero lo (comprender) .... un poco.
7. ¿(Tomar, nosotros) .... una copa?
8. En la escuela (aprender, nosotros) .... inglés y español.
9. (Creer, yo) .... que Carlos y Paloma (trabajar) .... mucho.
10. ¿Qué (hacer) .... tu padre? – (Trabajar) .... de recepcionista en un hotel.

52 Ergänze die Verbformen in Einzahl und Mehrzahl:

	Einzahl	Mehrzahl
1.	puedo	
2.		conocemos
3.	sé	
4.		dormimos
5.	traduzco	
6.		pensamos
7.	río	
8.		encontramos
9.	cojo	
10.		ofrecemos

53 Setze die Formen der diphthongierenden Verben ein:

1. No (encontrar, nosotros) .... una pensión buena y barata.
2. Yo nunca (dormir) .... bien.
3. Jesús y Carlos (jugar) .... muy bien al fútbol.
4. No (poder, nosotros) .... venir porque tenemos que estudiar para la prueba escrita.
5. Ese libro (costar) .... mucho.
6. ¿No (encontrar, tú) .... tus gafas?
7. Nuria (probar)..................................... la paella.
8. ¿Por qué no (cerrar, tú) .... la ventana? Es que tengo mucho frío.
9. ¿(Poder, tú)..................................... leer eso?
10. El vestido azul (costar) .... 78 euros, los zapatos (costar) .... 90, bastante caro, ¿no?
11. ¿A qué hora (comenzar) .... el concierto?
12. ¿(Querer, tú) .... ir conmigo el domingo para ver el partido del Real Madrid? Tengo dos entradas. – Lo (sentir, yo) .... muchísimo, pero este domingo no (poder, yo) ....

© VERITAS-Verlag, Linz. DURCHSTARTEN – SPANISCH GRAMMATIK ÜBUNGSBUCH. Alle Rechte vorbehalten

54 Bilde die Verbformen zur angegebenen Person:

1. yo	.... *hacer*	.... *empezar*	.... *reír*	.... *saber*	.... *salir*
2. tú	.... *seguir*	.... *tener*	.... *ir*	.... *ser*	.... *estar*
3. él/ella usted	.... *decir*	.... *ver*	.... *vender*	.... *venir*	.... *querer*
4. nosotros/ nosotras	.... *poner*	.... *caer*	.... *conducir*	.... *comprender*	.... *repetir*
5. vosotros/ vosotras	.... *traer*	.... *leer*	.... *estar*	.... *escribir*	.... *contar*
6. ellos, -as ustedes	.... *probar*	.... *mover*	.... *oír*	.... *costar*	.... *elegir*

55 Setze die Verbformen ein:

1. ¿(Poder, tú) .... venir a la fiesta?
2. No (poder, nosotros) .... ir en coche, (tener, nosotros) .... que tomar el metro.
3. ¿(Venir, tú) .... esta tarde? – Sí, (ir, yo) .... a las ocho.
4. ¿Qué (querer, ustedes) .... tomar? – Yo (tomar) .... un vino tinto y la señora (tomar) .... un cortado.
5. ¿Cómo (ir, tú) .... al colegio? – (Ir, yo) .... en tren.
6. ¿(Escribir, vosotros) .... una carta? – No, (escribir, nosotros) .... un ejercicio.
7. ¿Dónde (trabajar, usted) ....? – (Ser, yo) ....secretaria en la empresa SEAT.
8. ¿Cuántas lenguas se (hablar) .... en España?
9. ¿Dónde (estar) .... el Hotel Ritz?
10. ¿Cuánto (costar) .... el aceite de oliva?
11. ¿Por favor, me (poner, usted) .... un kilo de manzanas?
12. ¿Qué (desear, tú) .... de postre?
13. Yo no (saber) .... ruso, pero (hablar) .... italiano, inglés y alemán.
14. ¿Te (traer, yo) .... las fotos de las vacaciones?
15. Yo (salir) .... casi todos los fines de semana, pero (preferir) .... ir al cine o a un bar, no (ir) .... mucho a la discoteca.
16. No (estar, yo) .... muy bien, creo que (tener, yo) .... fiebre.
17. (Querer, nosotros) .... ir a la playa, (ir, vosotros) .... también?
18. ¿Qué (querer, tú) .... para beber? (Tener, yo) .... vino, cerveza o zumo de naranja, ¿qué (preferir, tú) ....? – Como hoy (hacer) .... tanto calor, (ir, yo) .... a tomar un zumo.
19. ¿Para qué (servir) .... esto? – (Ser) .... un i-Pod, (servir) .... para escuchar música. – Ay, yo no (entender) .... nada de las nuevas tecnologías …
20. Todavía no (conocer, yo) .... a muchos españoles.
21. Buenos días, señora Romero, ¿cómo (estar) .... usted?
22. ¿Qué (hacer, tú) .... esta tarde? – No lo (saber, yo) .... todavía.
23. Ay, (tener, yo) .... que ir al dentista, es que me (doler) .... las muelas.

© VERITAS-Verlag, Linz. DURCHSTARTEN – SPANISCH GRAMMATIK ÜBUNGSBUCH. Alle Rechte vorbehalten

56 Bilde Sätze aus den angegebenen Elementen. Artikel sind gegebenenfalls zu ergänzen!

Modelo: *Mercedes y Puri / pagar / libros.* ▶ *Mercedes y Puri pagan los libros.*

1. Juan y yo / comer / tapas ▶ ....
2. María / querer / aprender / inglés ▶ ....
3. La clase de alemán / empezar / a las siete ▶ ....
4. ¿Cuándo / volver / Paloma / de Ecuador? ▶ ....
5. ¿Cómo / estar / tu novio? ▶ ....
6. Nuria y yo / viajar / a Perú ▶ ....
7. Yo / no / tener / mucho dinero ▶ ....
8. Yo / te / invitar / a / comer ▶ ....
9. ¿Cuánto / costar / gambas y almejas? ▶ ....
10. ¿Adónde / ir / tú / de vacaciones? ▶ ....
11. Hoy / no / hacer / yo / tarea ▶ ....
12. Paco y Manolo / no / poder / venir ▶ ....
13. Mis amigos / siempre / me / decir / verdad ▶ ....
14. Empezar / yo / a trabajar / a las ocho ▶ ....
15. Nosotros / no / ser / alemanes / ser / austríacos ▶ ....

57 Setze in folgende Sätze *ser, tener* oder *hacer* in der richtigen Form ein:

1. Mi novia .... muy guapa, ... los ojos azules y el pelo rubio.
2. ¡Qué mal tiempo .... hoy! .... (yo) mucho frío.
3. ¿Qué .... tu amigo Carlos? – Carlos .... camarero en un bar.
4. ¿............................ (tú) hambre? – No, no .... hambre, pero sí que .... bastante sueño.
5. .... (nosotros) austríacos, yo .... de Viena y mi amigo .... de Graz.
6. Es una pena, ... (yo) que trabajar esta tarde, no puedo ir al cine contigo.
7. ¿............................ (tú) mucha prisa o puedes tomar una copa conmigo?
8. .... (yo) 20 años y .... estudiante.
9. ¿Qué .... (tú) esta tarde? – Mi madre y yo .... que ir al veterinario con nuestro gato.
10. .... (tú) de Granada, ¿verdad? – No, ... de Sevilla, pero ahora vivo en Granada.

58 Beantworte die Fragen:

1. ¿Qué idiomas hablas? (inglés y un poco de español) ▶ ....
2. ¿Dónde trabajáis? (en un restaurante) ▶ ....
3. ¿Dónde vive usted? (en Viena) ▶ ....
4. ¿Qué haces? (la tarea) ▶ ....
5. ¿Qué van a tomar ustedes? (un café con leche y agua con gas) ▶ ....
6. ¿Qué prefieres, té o café? (café) ▶ ....
7. ¿Adónde vas? (al centro) ▶ ....
8. ¿Cómo está usted? (bastante bien) ▶ ....

 © VERITAS-Verlag, Linz. DURCHSTARTEN – SPANISCH GRAMMATIK ÜBUNGSBUCH. Alle Rechte vorbehalten

59 Übersetze die Verbformen:

1. ich mache
2. wir wollen
3. du denkst
4. sie gehen
5. ihr habt
6. sie beginnen
7. ich schließe
8. wir schreiben
9. es riecht
10. wir wiederholen
11. du lernst
12. er kehrt zurück
13. ich weiß
14. er glaubt
15. sie geben

60 Frage nach den fett markierten Satzgliedern:

1. Miguel y yo somos **de Alicante.** ▶ ……………………………………
2. Le digo la verdad **al jefe.** ▶ ……………………………………
3. Le doy **un regalo** a Pepe. ▶ ……………………………………
4. Vamos de vacaciones **en julio.** ▶ ……………………………………
5. Veo **muchas series** en la tele. ▶ ……………………………………
6. Vuelvo **mañana** de la excursión. ▶ ……………………………………
7. Vengo **de la empresa Pérez.** ▶ ……………………………………
8. Sé de memoria **este poema.** ▶ ……………………………………
9. Llego **a las cinco de la tarde.** ▶ ……………………………………
10. Tenemos **tres** hijos. ▶ ……………………………………

61 Ordne die Sätze:

1. ¿decirme / qué / es / puedes / hora?

   ……………………………………
2. soy / en / pero / vivo / mexicana / Madrid

   ……………………………………
3. repito / veces / los / muchas / verbos

   ……………………………………
4. comprar / unos / quiero / azules / pantalones

   ……………………………………
5. hoy / hace / llueve / y / mucho / frío / bastante

   ……………………………………
6. Carlos / los / tiene / grises / ojos / pelo / y / el / rubio

   ……………………………………
7. la / no / por / mañana / tengo / hambre / mucha

   ……………………………………
8. conozco / no / tu / prima / a / yo / Ana

   ……………………………………
9. ¿cierran / qué / supermercados / hora / a / los?

   ……………………………………
10. tarde / salgo / mis / con / al / cine / amigos / esta

    ……………………………………
11. siempre / mis / corrijo / de / tareas / español

    ……………………………………

© VERITAS-Verlag, Linz. DURCHSTARTEN – SPANISCH GRAMMATIK ÜBUNGSBUCH. Alle Rechte vorbehalten

62 Knacke das Kreuzworträtsel (die Klammern geben dir Hinweise!):

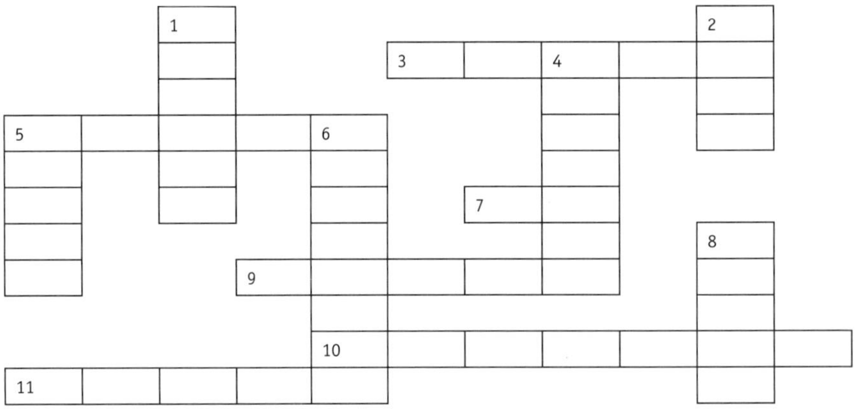

Horizontales:

3. Mi hermano .... muy bien al tenis. (*spielen*)
5. ¿Qué es esto? Aquí .... muy mal. (*riechen*)
7. Desgraciadamente no .... tocar el piano. (*können*)
9. Vamos a comer, ya .... mucha hambre. (*haben*)
10. Psst, tenemos que hablar bajo, los niños ya .... (*schlafen*)
11. ¿Dónde .... la maleta? - Allí, al lado de la cama, por favor. (*stellen*)

Verticales:

1. ¡Ay, mi amor, te .... muchísimo! (*lieben*)
2. ¿Adónde ....? – A la plaza mayor, a tomar algo. (*gehen*)
4. Normalmente .... a trabajar a las ocho. (*beginnen*)
5. Oye, Juan, ¿me .... un favor? – ¡Sí, claro, cómo no! (*machen*)
6. ¡Qué difícil es la gramática! No .... nada ... (*verstehen*)
8. ¿Te pasa algo? Estás muy callado ... ¿Por qué no .... nada? (*sagen*)

63 Wähle die richtige Verbform:

1. Paloma siempre **pensa / piensa** en su novio.
2. El señor Martínez **dirige / dirije** una gran empresa.
3. No **puedo / podo** participar en la fiesta porque no me **sento / siento** bien.
4. Todavía no **conoco / conozco** el Museo de Arte Reina Sofía. **¿Queres / quieres** ir conmigo?
5. Mi hermano menor nunca **encontra / encuentra** sus cosas.
6. Me gustan mucho los animales. **Tengo / teno** dos gatos, un perro y un hámster.
7. ¿A qué hora **cerran / cierran** los bancos?
8. Te **recomiendamos / recomendamos** visitar el palacio de Aranjuez. **Tiene / tene** un parque muy bonito.
9. Muchos inmigrantes **huyen / huen** de la miseria en sus países de origen.
10. **Hoy volvo / vuelvo** un poco más tarde.
11. ¿Sabes dónde está la calle Lagasca? – Pues no, no lo **sabo / sé**.
12. Los hijos de Manuel **juegan / jugan** muy bien al ajedrez.
13. ¿Cuándo **empezamos / empiezamos** a preparar la fiesta?
14. Los domingos **dormo / duermo** casi todo el día.
15. En Austria **llueve / llove** mucho, por eso es un país muy verde.
16. ¿A qué hora **comienza / comenza** el concierto? – Creo que a las nueve.
17. ¿Vamos a comer algo? Ya me **moro / muero** de hambre.
18. ¿Cuánto **cuesta / costa** este jersey?

 © VERITAS-Verlag, Linz. DURCHSTARTEN – SPANISCH GRAMMATIK ÜBUNGSBUCH. Alle Rechte vorbehalten

64 Hier erscheinen die Verbformen auf Deutsch – ersetze sie durch die passenden spanischen Formen:

1. El profesor (*sagt*) .... que (*ist*) .... muy importante estudiar el vocabulario.
2. (*Ich möchte*) .... un pincho de tortilla y una caña, por favor.
3. ¿Me (*können Sie*) .... enseñar estas faldas, por favor?
4. Las tiendas (*öffnen*) .... a las nueve y (*schließen*) .... a las dos.
5. ¿A qué hora (*kommst du zurück*) ....? – (*Ich gehe*) .... a la discoteca con mis amigos y no (*weiß*) .... cuándo voy a volver.
6. ¿Qué (*machst du*) .... esta tarde? – (*Ich glaube*) .... que (*ich gehe*) .... de compras.
7. Manuel y yo (*übersetzen*) .... este artículo. ¿Nos (*kannst du*) .... ayudar?
8. ¿(*Nehmen wir*) .... el metro para ir al museo? – Sí, el metro (*ist*) .... mucho más rápido que el coche.
9. ¿Me (*hilfst du*) .... a subir la maleta?
10. ¿Dónde (*sind*) .... mis gafas? No (*ich sehe*) .... nada sin ellas.
11. ¿Qué (*essen wir*) ....? – Sólo (*ich habe*) .... una tortilla de patatas y un poco de pan.
12. ¿Cuánto (*kosten*) .... estos bolsos? – El negro (*kostet*) .... 35 euros y el azul 39.
13. ¿(*Kann ich*) .... pagar con tarjeta de crédito? – Claro que sí, (*wir akzeptieren*) .... todas las tarjetas.
14. ¿Me (*schreibt ihr*) .... una postal desde Múnich? – No (*weiß*) .... si (*wir haben*) .... tiempo, pero seguro que te (*wir schreiben*) .... un e-mail.
15. ¿A qué hora (*kommt an*) .... el avión? – A las dos de la tarde.
16. Los sábados mis amigos y yo (*gehen aus*) .... (*Wir gehen*) .... al cine, a la discoteca o a algún bar.
17. Camarero, ¿me (*bringen Sie*) .... un poco más de pan? – Enseguida, señora. (*Wünschen Sie*) .... algo más?
18. ¿Tú (*siehst*) .... mucho la tele? – Sí, (*ich sehe*) .... sobre todo series y comedias.
19. ¿En esta tienda (*verkaufen sie*) .... también refrescos?
20. ¿Cuándo (*kommen*) .... tus amigos? – (*Sie sagen*) .... que en media hora, más o menos.
21. (*Sie ist*) .... nerviosa porque su novio no la (*ruft an*) ....
22. ¿(*Wohnt ihr*) .... en una casa o en un piso? – (*Wir haben*) .... una pequeña casa en el campo.
23. ¿(*Kennst du*) .... Granada? – No, de Andalucía sólo (*kenne ich*) .... Sevilla.
24. Mis padres no me (*erlauben*) .... que viaje sola a Ecuador. ¿Me (*willst du*) .... acompañar?
25. ¿(*Kann ich*) .... probarme esta falda? Claro que sí, señora, los probadores (*sind*) .... allí, a la derecha.
26. Yo (*bin*) .... de Austria, pero (*ich lebe*) .... en Suiza y (*ich spreche*) .... alemán, francés e italiano.
27. (*Ich möchte*) .... hacer un curso de español en Madrid.
28. Siempre (*fahre ich*) .... en metro al trabajo, aunque (*ich habe*) .... coche.
29. Mi amiga Juana (*hat*) .... el pelo largo y rubio.

© VERITAS-Verlag, Linz. DURCHSTARTEN – SPANISCH GRAMMATIK ÜBUNGSBUCH. Alle Rechte vorbehalten

10. KAPITEL: Reflexive Verben

Wie im Deutschen gibt es auch im Spanischen **rückbezügliche** (reflexive) **Zeitwörter**, zB: **sich** waschen – *lavar**se***. Das **rückbezügliche Fürwort** wird in der **Nennform** (sowie auch im ***gerundio*** und in der **bejahten Befehlsform**) **angehängt**, in den **abgewandelten Verbformen** steht es unmittelbar **vor dem Zeitwort.** Auch unter den reflexiven Verben gibt es solche mit Vokalveränderungen:

Infinitiv	***lavarse*** sich waschen	***sentarse*** sich setzen	***dormirse*** einschlafen	***vestirse*** sich ankleiden
yo	***me** lavo*	***me** siento*	***me** duermo*	***me** visto*
tú	***te** lavas*	***te** sientas*	***te** duermes*	***te** vistes*
él / ella / usted	***se** lava*	***se** sienta*	***se** duerme*	***se** viste*
nosotros, -as	***nos** lavamos*	***nos** sentamos*	***nos** dormimos*	***nos** vestimos*
vosotros, -as	***os** laváis*	***os** sentáis*	***os** dormís*	***os** vestís*
ellos, -as / ustedes	***se** lavan*	***se** sientan*	***se** duermen*	***se** visten*

- **Einige weitere häufig gebrauchte reflexive Verben:**

aburrirse	sich langweilen	*ducharse*	(sich) duschen
acordarse (o ▸ ue)	sich erinnern	*encontrarse (o ▸ ue)*	sich treffen
acostarse (o ▸ ue)	sich hinlegen	*irse*	weggehen
afeitarse	sich rasieren	*levantarse*	aufstehen
bañarse	(sich) baden	*llamarse*	heißen
casarse	heiraten	*moverse (o ▸ ue)*	sich bewegen
despedirse (e ▸ i)	sich verabschieden	*peinarse*	sich kämmen
despertarse (e ▸ ie)	aufwachen	*reírse (e ▸ i)*	lachen
divertirse (e ▸ ie)	Spaß haben	*sentirse (e ▸ ie)*	sich fühlen

Steht ein reflexives Verb in der **Nennform** (zB nach einem Modalverb), muss man auf die Übereinstimmung von Pronomen und Personalform achten. Das **Pronomen wird an die Nennform angehängt** oder **vor die abgewandelte Verbform gestellt**:
*No quier**o** sentar**me**. / No **me** quier**o** sentar.* Ich möchte mich nicht setzen.
*Tien**es** que levantar**te**. / **Te** tien**es** que levantar.* Du musst aufstehen.

- **Nur im Spanischen reflexiv sind zB:**

ahogarse	ertrinken	*callarse*	schweigen	*irse*	weggehen	*marcharse*	weggehen
arrepentirse	bereuen	*darse cuenta*	bemerken	*levantarse*	aufstehen	*quedarse*	bleiben
caerse	fallen	*despertarse*	aufwachen	*llamarse*	heißen	*reírse*	lachen

- **Nur im Deutschen reflexiv sind zB:**

descansar	sich ausruhen	*ocurrir*	sich ereignen
empeorar	sich verschlechtern	*recordar*	sich erinnern
mejorar	sich verbessern	*suceder*	sich ereignen

Einige Verben haben sowohl eine **reflexive** als auch eine **nicht reflexive Form**, nehmen dadurch aber eine jeweils **andere Bedeutung** an, zB:

Rückbezüglich		**Nicht rückbezüglich**	
acordarse de	sich erinnern an	***acordar algo***	etwas vereinbaren
despedirse	sich verabschieden	***despedir***	kündigen
despertarse	aufwachen	***despertar***	aufwecken
dirigirse a	sich wenden an	***dirigir***	leiten
dormirse	einschlafen	***dormir***	schlafen
encontrarse	sich treffen, befinden	***encontrar***	finden
levantarse	aufstehen	***levantar***	heben
lavarse	sich waschen	***lavar***	waschen
llamarse	heißen	***llamar***	nennen, anrufen
moverse	sich bewegen	***mover***	bewegen
sentirse	sich fühlen	***sentir***	leidtun

© VERITAS-Verlag, Linz. DURCHSTARTEN – SPANISCH GRAMMATIK ÜBUNGSBUCH. Alle Rechte vorbehalten

65 Verbinde die spanischen mit den entsprechenden deutschen Formen:

1. os levantáis
2. nos callamos
3. se sienta
4. nos sentimos
5. te despides
6. os acordáis
7. se visten
8. me llamo
9. nos movemos
10. te peinas

a. ihr erinnert euch
b. du kämmst dich
c. ich heiße
d. ihr steht auf
e. wir bewegen uns
f. wir schweigen
g. du verabschiedest dich
h. er / sie setzt sich
i. sie ziehen sich an
j. wir fühlen uns

66 Setze die passenden rückbezüglichen Fürwörter ein:

1. Normalmente .... acostamos a las once.
2. Por la mañana primero .... levanto, después desayuno, ... ducho, ... lavo los dientes y .... visto.
3. ¿No queréis sentar....................?
4. Los niños .... duermen enseguida.
5. ¿Por qué .... reís tanto? – Es que .... divertimos mucho con esa película.
6. Si quieres adelgazar, tienes que mover.................... más.
7. Mis hijos .... llaman Carlos y Pablo.
8. Paloma y yo .... quedamos en casa.
9. ¿.................... acordáis de mi amigo Manolo? Pues va a casar.................... la semana que viene.
10. ¿Ya .... vas? ¡Qué lástima!

67 Bilde Sätze in der Ich-Form und beschreibe den Tagesablauf von Paloma – achte darauf, dass nicht alle Verben rückbezüglich sind!

Modelo: *despertarse (6:30)* ▶ *Me despierto a las seis y media.*

1. levantarse (6:45) ▶ ....
2. después ir al baño ▶ ....
3. ducharse con agua caliente ▶ ....
4. peinarse y vestirse para la escuela ▶ ....
5. desayunar (7:15) ▶ ....
6. normalmente tomar café y pan con mantequilla ▶ ....
7. lavarse los dientes (7:30) ▶ ....
8. salir de casa (7:40) ▶ ....
9. tener clase de 8:00 a 13:30 ▶ ....
10. volver a casa y comer (14:00) ▶ ....
11. descansar un poco hasta las 15:00 ▶ ....
12. hacer las tareas y estudiar hasta las 17:00 ▶ ....
13. después quedar con amigos y divertirse con ellos ▶ ....
14. cenar y ver la tele (20:00) ▶ ....
15. acostarse (22:30) ▶ ....
16. leer un poco y después dormirse (23:30) ▶ ....

© VERITAS-Verlag, Linz. DURCHSTARTEN – SPANISCH GRAMMATIK ÜBUNGSBUCH. Alle Rechte vorbehalten

68 Forme jetzt die Sätze um und beschreibe den Tag von Paloma!

69 Setze Reflexivpronomen dort, wo sie nach Bedeutung des Wortes nötig sind:

1. ¿A qué hora .... levantas? – .... levanto a las ocho.
2. No puedo levantar .... esta maleta – es muy pesada.
3. .... siento mucho no poder ir a tu fiesta.
4. He comido demasiado – no .... siento muy bien.
5. .... despertamos a los niños a las siete de la mañana.
6. Los domingos .... despertamos tarde.
7. Tengo que despedir .... de mis amigos.
8. La empresa UPI .... ha despedido a mil empleados.
9. ¿Ya .... has lavado la ropa?
10. Tengo que lavar .... las manos.
11. Mis compañeros .... llaman Paco y Juan.
12. Voy a llamar .... a Pedro, a ver si está en casa.

70 Übersetze:

1. Rufst du mich morgen an? ....
2. Wie heißt du? ....
3. Ich möchte mir das Gesicht waschen. ....
4. Ich muss das Hemd waschen. ....
5. Ich möchte mich ein wenig ausruhen. ....
6. Fühlst du dich nicht wohl? ....
7. Es tut mir sehr leid. ....

71 Setze die rückbezüglichen Verben ein:

1. Antes de salir de vacaciones (despedirse, nosotros) .... de todos los amigos.
2. Pareces muy cansada. ¿Por qué no (acostarse, tú) ....?
3. ¿Cómo (llamarse) .... este chico? No (acordarse, yo) .... de su nombre.
4. (Sentirse, yo) .... fatal, tengo que ir al médico.
5. Los alumnos a veces (aburrirse) .... en clase.
6. En este asunto (dirigirse, yo) .... directamente al jefe.
7. ¿(Darse, tú) .... cuenta de que Ana está muy pálida?

72 Korrigiere in folgenden Sätzen die rückbezüglichen Fürwörter:

1. Tienes que moverse más.
2. ¿Ya queréis irse?
3. No puedo ducharse, la ducha está rota.
4. No quiero lavarse con agua fría.
5. Tienes que darse cuenta del problema.
6. ¿A qué hora tenéis que levantarse?
7. Ya tenemos que marcharse.
8. Voy a despedirse.
9. Niño, tienes que peinarse.
10. ¿Puedo lavarse las manos?

 © VERITAS-Verlag, Linz. DURCHSTARTEN – SPANISCH GRAMMATIK ÜBUNGSBUCH. Alle Rechte vorbehalten

11. KAPITEL: *Hay, ser, estar*

- ***Hay*** ist die unpersönliche Form des Hilfszeitwortes ***haber*** und unveränderlich. Meist kann es im Deutschen mit „es gibt" wiedergegeben werden. *Hay* ist die Gegenwartsform, die Formen der anderen Zeiten sind die der 3. Person Einzahl des Verbs *haber*. Auf *hay* folgt immer ein Objekt, in der Einzahl oder Mehrzahl.

- ***Estar*** und ***ser*** werden in der jeweiligen Personalform des Zeitwortes verwendet, das Subjekt bestimmt die Verbform. Beide Verben entsprechen dem deutschen „sein". Grundsätzlich gibt ***ser*** in Zusammenhang mit Adjektiven eine Definition bzw. „angeborene" Eigenschaft an, ***estar*** hingegen einen Zustand, der vorübergehend und von außen beeinflussbar ist.

Hay	*Estar*
Drückt das **Vorhandensein einer Sache oder Person** aus: **Mit dem Objekt nach *hay*** steht • unbestimmter / kein Artikel • Nomen im Plural ohne Artikel • Zahlwort • unbestimmtes Fürwort ***En la mesa hay dos libros.*** Auf dem Tisch liegen zwei Bücher.	Drückt aus, **wo sich eine konkrete Sache oder Person befindet**: **Mit dem Subjekt vor *estar*** steht • bestimmter Artikel • Eigenname • Städte-, Ländername • Subjektpronomen ***Mi carpeta está en el escritorio.*** Meine Mappe liegt auf dem Schreibtisch.

Ser	*Estar*
• Gibt Namen / Herkunft / Identität / Beruf an: ***Ésta es mi amiga Ana, es estudiante.*** Das ist meine Freundin Ana, sie ist Studentin. • Charakteristische Eigenschaften, die als unveränderlich betrachtet werden: ***David es muy alto y delgado.*** David ist sehr groß und schlank. • Uhrzeit / Zahlen / Preise: ***Ya son las diez y media.*** Es ist bereits halb elf. ***Son cincuenta euros en total.*** Das macht 50 Euro zusammen. • „stattfinden": ***La reunión es a las cuatro en el salón de actos.*** Das Treffen ist um 4 Uhr im Versammlungsraum.	• Gibt die geografische / örtliche Lage an: ***Ana está en Austria para aprender alemán.*** Ana ist in Österreich, um Deutsch zu lernen. • Von außen veränderlicher Zustand einer Sache oder Person: ***El café está muy dulce.*** Der Kaffee ist sehr süß. • Familienstand: ***Marcos está casado.*** Marcos ist verheiratet. • Personalisierte Angabe von Wochentagen oder Datum: ***Hoy estamos a tres de marzo.*** Wir haben heute den 3. März. • Preisangaben bei bestimmten Mengen: ***Las uvas están a dos euros el kilo.*** Ein Kilo Weintrauben kostet 2 Euro.

73 Bilde Sätze:

Modelo: *En la ciudad / mucho tráfico* ► *En la ciudad hay mucho tráfico.*

1. en la mesa / una lámpara antigua ► ....
2. en mi pueblo / una iglesia bonita ► ....
3. en Madrid / muchos bares y restaurantes ► ....
4. en mi casa / tres dormitorios y dos cuartos de baño ► ....
5. en el aula / quince mesas ► ....
6. en la nevera / dos botellas de vino ► ....
7. en este restaurante / un excelente menú del día ► ....

© VERITAS-Verlag, Linz. DURCHSTARTEN – SPANISCH GRAMMATIK ÜBUNGSBUCH. Alle Rechte vorbehalten

8. en Barcelona / un puerto grande ▶ ....
9. en esta calle / una farmacia ▶ ....
10. en el mercado / pescado fresco ▶ ....

74 Setze *hay* oder die entsprechende Personalform von *estar* ein:

1. Madrid .... en el centro de España.
2. El supermercado .... en la planta baja.
3. En el supermercado .... todo lo que necesito.
4. En la Costa del Sol .... muchos turistas alemanes.
5. La Costa del Sol .... en el sur de España.
6. Tus gafas .... allí, en la mesita de noche.
7. En la fiesta .... mucha gente.
8. Nuestro hotel .... muy cerca de la playa.
9. En nuestro hotel .... un bar y dos restaurantes.
10. En mi pueblo .... poco tráfico.
11. En esta exposición .... cuadros muy interesantes.
12. En mi habitación .... una alfombra grande.
13. Mi impresora .... en el escritorio, al lado del ordenador.
14. En este texto .... muchos errores.
15. Los Andes .... en América del Sur.
16. Hoy no (yo) .... muy bien.
17. La verdad es que no sé ni dónde (nosotros) ...., por lo visto nos hemos perdido.
18. ¿(Vosotros) .... cansados?
19. En las playas del Caribe .... muchas palmeras.
20. La estación de autobuses no .... muy lejos.

75 Übersetze:

1. Cuzco liegt in Lateinamerika, in Peru.
2. In meiner Stadt gibt es ein kleines Museum und einen schönen Hauptplatz.
3. Gibt es hier in der Nähe einen Supermarkt?
4. Rechts von meinem Fenster steht ein Kasten.
5. Wo ist der Wein? – In der Küche sind zwei Flaschen Rotwein.
6. In der Zeitung von heute ist ein interessanter Artikel.

76 Setze die entsprechende Form von *ser* oder *estar* ein:

1. (Yo) .... de Austria. Austria .... en el corazón de Europa.
2. Pablo .... un alumno muy trabajador, y además .... muy inteligente.
3. Estas señoras .... belgas; .... en Madrid de vacaciones.
4. María y yo .... casados desde 1999.
5. ¿Ustedes no .... de aquí, verdad? – No, ... de Argentina.
6. Mis amigos .... en México; en su postal escriben que la gente allí .... muy amable.
7. Carlos .... el novio de Ana; creo que .... muy felices.

© VERITAS-Verlag, Linz. DURCHSTARTEN – SPANISCH GRAMMATIK ÜBUNGSBUCH. Alle Rechte vorbehalten

8. La casa de María .... amarilla; creo que .... cerca de aquí.
9. Juan .... médico, trabaja en un hospital. El hospital .... en los alrededores de Madrid.
10. ¿Cuánto .... en total? .... 22 euros.
11. ¿Cómo ...., Ana? – .... fatal, es que .... enferma.
12. Paloma .... una chica muy alta y guapa.
13. Antes de un examen siempre (yo) .... un poco nerviosa.
14. El Hierro .... una isla muy pequeña. .... en el Atlántico.
15. ¡Qué rico .... el pescado! – ¡Qué suerte! El pollo que tengo no me gusta, ... un poco salado.
16. ¡Qué viaje más largo! (Nosotros) .... cansadísimos.
17. Cristina y Pablo .... de Barcelona.
18. (Yo) .... estudiante y mi hermana mayor .... programadora.
19. La fiesta .... a las diez en la casa de Carlos, ¿verdad?
20. Ya .... las nueve, tengo que irme.

77 Entscheide, ob in den folgenden Sätzen *ser* oder *estar* richtig ist, und achte dabei auf die unterschiedliche Bedeutung der Adjektive *abierto, aburrido, atento, despierto, listo* und *rico* in Verbindung mit *ser* oder *estar*:

1. Niños, ¿todavía no **sois / estáis** despiertos? – Ya son las siete y tenéis que ir al colegio.
2. Si **soy / estoy** aburrida, llamo a mis amigas.
3. Este chico **es / está** muy despierto; a sus cinco años ya sabe leer.
4. No **somos / estamos** ricos, pero vivimos más o menos bien.
5. ¿Todavía no **eres / estás** listo con tus deberes?
6. La tienda todavía no **es / está** abierta. Tenemos que volver más tarde.
7. Durante la presentación el público **ha sido / ha estado** muy atento.
8. Estas gambas **son / están** riquísimas, ¿quieres probarlas?
9. Carlos no **es / está** muy atento, incluso se olvida de mi cumpleaños.
10. Esta película **es / está** muy aburrida, no me gusta nada.
11. En los países mediterráneos la gente normalmente **es / está** más abierta que la gente en los países nórdicos.
12. Estos alumnos **son / están** bastante listos; ya han entendido la diferencia entre ser y estar.

78 Verbinde die Elemente zu sinnvollen Sätzen:

1. Nuria y yo	estoy	buenas amigas.
2. En la Plaza Mayor	son	bastante alto y muy delgado.
3. Por aquí no	están	a un euro el kilo.
4. El café	somos	mañana a las diez.
5. Las naranjas	hay	alemana, de Múnich.
6. La conferencia	está	muy simpáticas y trabajadoras.
7. Mi tía	es	un sofá y un sillón.
8. Ana y Charo	es	ningún hotel.
9. Mi novio	son	un poco nerviosos por el examen.
10. En mi habitación	es	fatal. Tengo una tos tremenda.
11. Los alumnos	hay	muchas cafeterías y tiendas.
12. Yo	están	un poco sosa. Falta algo de sal.
13. La sopa	hay	profesores en una escuela de idiomas.
14. Juan y José	está	muy caliente.

© VERITAS-Verlag, Linz. DURCHSTARTEN – SPANISCH GRAMMATIK ÜBUNGSBUCH. Alle Rechte vorbehalten

79 Knacke das Kreuzworträtsel, indem du die Adjektive einträgst, die in den Sätzen fehlen. Das Lösungswort ist das Wahrzeichen der andalusischen Stadt Granada.

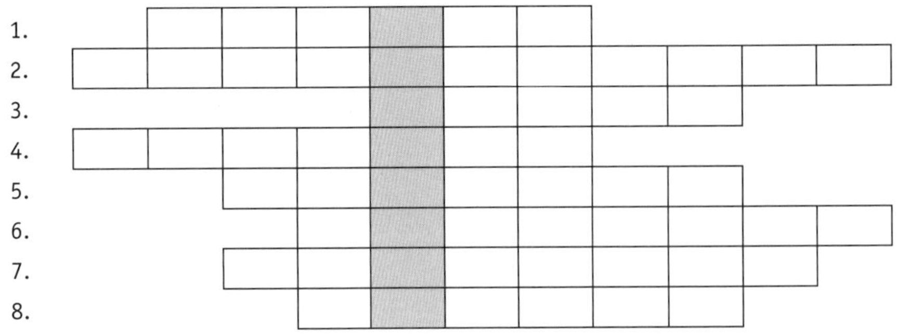

1. Camarero, esta sopa no se puede comer, está totalmente ... (*versalzen*).
2. El hijo de Carmen estudia medicina y filosofía; es muy ... (*gescheit*).
3. Ya estoy ... (*überdrüssig*) de este trabajo, ¿no lo puede hacer otro?
4. ¿Por qué Paloma está tan ... (*verärgert*)? – Creo que ha discutido con su marido.
5. Las playas de Alicante están muy ... (*sauber*). Da gusto tomar el sol allí.
6. No me gusta estudiar la gramática; es tan ... (*langweilig*).
7. ¿Por qué estás tan ... (*nervös*)? – Es que tengo miedo de viajar en avión.
8. Antonio Banderas es un actor muy ... (*berühmt*), pero a Reinhard no le gusta nada.

Solución: ___ ___ ___ ___ ___ ___ ___ ___

80 Setze *hay* oder die passende Form von *ser* oder *estar* ein:

1. Mis hijos no .... dispuestos a ayudarme en casa.
2. Estos chicos .... bastante vagos, no les gusta estudiar.
3. Tú nunca .... contenta con lo que haces, la verdad es que .... muy perfeccionista.
4. Los sábados .... muchísima gente en todos los restaurantes; no .... sitio si no haces una reserva.
5. Me parece que Carlos .... muy triste. ¿Tiene problemas con su novia?
6. La botella ya .... vacía. ¿Pedimos otra?
7. En invierno no .... muchos turistas en la Costa Brava.
8. ¿Puedes abrirme, por favor? La puerta .... cerrada y yo no tengo llaves.
9. ¿Sabes que Marta .... embarazada? Es su primer hijo.
10. En el quiosco no .... sellos, tenemos que ir a un estanco.
11. La mesa .... muy sucia, tienes que limpiarla.
12. ¿Qué te pasa? – No (yo) .... nada bien, ... muy cansada y tengo fiebre.
13. Tú .... listo como un zorro, los otros no han encontrado la solución tan rápidamente.
14. Mis abuelos ya .... muertos.
15. Estas uvas .... a sólo un euro con cincuenta el kilo.
16. ¿Qué hora ....? – Creo que .... las dos y pico.
17. En mi oficina .... muchas plantas, así el ambiente .... mejor.
18. Este pescado .... riquísimo, ¿quieres probar?

 © VERITAS-Verlag, Linz. DURCHSTARTEN – SPANISCH GRAMMATIK ÜBUNGSBUCH. Alle Rechte vorbehalten

12. KAPITEL: *Gerundio*

- Zur Bildung des ***gerundio*** wird bei den regelmäßigen Zeitwörtern an den Stamm die Endung ***-ando*** bzw. ***-iendo*** angehängt:

	Infinitiv	*Gerundio*
Verben auf *-ar*	*comprar*	*compr**ando***
Verben auf *-er*	*beber*	*beb**iendo***
Verben auf *-ir*	*abrir*	*abr**iendo***

- **Ausnahmen:**

Infinitiv	*Gerundio*
caer	*cayendo*
dar	*dando*
decir	*diciendo*
dormir	*durmiendo*
leer	*leyendo*
ir	*yendo*
morir	*muriendo*
oír	*oyendo*
poder	*pudiendo*
ser	*siendo*
traer	*trayendo*
venir	*viniendo*
ver	*viendo*

- Im ***gerundio*** gibt es **keinen Diphthong**, aber **alle Verben auf *-ir***, die im Präsens einen **Vokalwechsel** (*e* ▸ *i*, *e* ▸ *ie*) aufweisen, haben im ***gerundio*** ein ***-i-*** im Stamm:
  sentir ▸ *s**i**ntiendo, seguir* ▸ *s**i**guiendo*
- Bei Verben auf ***-uir*** wird das ***-i-*** zu ***-y-***: *construir* ▸ *constru**y**endo*
- Bei rückbezüglichen Zeitwörtern wird das Fürwort angehängt oder steht vor der abgewandelten Verbform:
  Estoy lavándome / me estoy lavando. Ich wasche mich gerade.

- **Gebräuchliche Verbperiphrasen mit *gerundio*:**

estar + gerundio: gerade dabei sein, etwas zu tun
Juan y Marta están bailando. Juan und Marta tanzen gerade.
llevar + gerundio: schon eine gewisse Zeit etwas tun
Llevo un año estudiando español. Ich lerne seit einem Jahr Spanisch.
ir + gerundio: allmählich etwas tun
Vamos aprendiendo la gramática. Wir lernen allmählich die Grammatik.
seguir / continuar + gerundio: weiterhin etwas tun
Carlos sigue estudiando medicina. Carlos studiert noch immer Medizin.

81 Bilde das *gerundio* zu folgenden Infinitiven:

1. tomar: ....
2. vivir: ....
3. tener: ....
4. hacer: ....
5. comprender: ....
6. buscar: ....
7. seguir: ....
8. destruir: ....
9. leer: ....
10. dormir: ....
11. pedir: ....
12. jugar: ....
13. reír: ....
14. levantarse: ....
15. caerse: ....
16. decir: ....
17. ir: ....
18. esperar: ....
19. escribir: ....
20. bañarse: ....

© VERITAS-Verlag, Linz. DURCHSTARTEN – SPANISCH GRAMMATIK ÜBUNGSBUCH. Alle Rechte vorbehalten

82 Korrigiere folgende falsch gebildete Gerundioformen:

1. podiendo ▶ ....
2. juegando ▶ ....
3. tomiendo ▶ ....
4. caendo ▶ ....
5. vestiéndose ▶ ....
6. iendo ▶ ....
7. veniendo ▶ ....
8. pediendo ▶ ....
9. leendo ▶ ....
10. moriendo ▶ ....

83 Wandle folgende Sätze in die Struktur *estar* + *gerundio* um:

Modelo: *Nuria habla por teléfono.* ▶ *Nuria está hablando por teléfono.*

1. Hola Roberto, ¿qué haces? ▶ ....
2. Los estudiantes escriben un texto sobre Madrid. ▶ ....
3. De momento como con una amiga. ▶ ....
4. Vemos la televisión. ▶ ....
5. El señor García habla por otra línea. ▶ ....
6. Oigo las noticias en la radio. ▶ ....
7. ¿Pero qué me dices? ▶ ....
8. Los amigos charlan y se ríen. ▶ ....
9. Los niños juegan en el parque. ▶ ....
10. En el Retiro la gente se pasea y descansa. ▶ ....
11. Muchos turistas toman café en la Plaza Mayor. ▶ ....
12. El público aplaude a los toreros. ▶ ....
13. Mi abuelo duerme la siesta. ▶ ....
14. Me visto para salir a la fiesta. ▶ ....
15. Carlos saca una foto de su novia. ▶ ....
16. Tomamos una copa en un bar. ▶ ....
17. ¿Qué buscas? ▶ ....
18. Los alumnos leen en voz baja. ▶ ....
19. Llueve y hace bastante viento. ▶ ....
20. En la playa la gente se baña y toma el sol. ▶ ....
21. Reinhard trabaja en la biblioteca. ▶ ....

84 Suche die passende deutsche Übersetzung:

1. Miguel está tocando el piano.
2. Miguel lleva cinco años tocando el piano.
3. Miguel sigue tocando el piano cada día.
4. Michael va aprendiendo a tocar el piano.
5. Ya llevo dos horas haciendo mis deberes.
6. Estoy haciendo mis deberes.
7. Sigo haciendo mis deberes.
8. Voy haciendo mis deberes.

a. Ich mache immer noch meine Hausübungen.
b. Ich mache gerade meine Hausübungen.
c. Michael lernt allmählich das Klavierspielen.
d. Michael spielt gerade Klavier.
e. Nach und nach mache ich meine Hausübungen.
f. Michael spielt immer noch jeden Tag Klavier.
g. Michael spielt schon seit fünf Jahren Klavier.
h. Ich mache schon seit zwei Stunden meine Hausübungen.

 © VERITAS-Verlag, Linz. DURCHSTARTEN – SPANISCH GRAMMATIK ÜBUNGSBUCH. Alle Rechte vorbehalten

85 Übersetze:

1. Wir schreiben gerade Ansichtskarten. ▶ ....
2. Seit einer Stunde warte ich auf den Zug. ▶ ....
3. Mein Freund arbeitet immer noch bei SEAT. ▶ ....
4. Herr Moreno telefoniert gerade. ▶ ....
5. Meine Gesundheit bessert sich allmählich. ▶ ....
6. Wir leben schon fünf Jahre in Deutschland. ▶ ....
7. Die Kinder sehen schon drei Stunden fern. ▶ ....
8. Ich habe keine Zeit, ich bügle gerade. ▶ ....

86 Setze folgende Gerundioformen sinngemäß ein:

cantando – contando – diciendo – dejando – llevando – llorando – lloviendo – vendiendo – viendo – viniendo

1. Carlos está de muy mal humor. Es que está .... de fumar; intenta fumar cada día menos.
2. Niña, ¿por qué estás ....? – Es que se me ha roto mi muñeca ...
3. ¿Tenemos que llevar el paraguas? – Sí, creo que está ....
4. ¿Qué están .... en este quiosco? – Revistas, periódicos y sellos.
5. Date prisa, ya van .... los invitados.
6. A veces me ducho ....
7. ¿Tienes algo importante que hacer? – No, sólo estoy .... la tele.
8. ¿Por qué estás .... esta maleta tan pesada? – Es que esta tarde salgo de viaje.
9. ¿Qué me estás ....? No puede ser verdad.
10. Escucha, Carlos está .... algo muy interesante.

87 Verbinde folgende Sätze mit Hilfe des *gerundio*:

Modelo: *Los jóvenes ven la tele y comen algunas tapas.* ▶ *Los jóvenes ven la tele comiendo algunas tapas.*

1. Los niños juegan al fútbol y gritan mucho ▶ ....
2. Siempre plancho la ropa y escucho música. ▶ ....
3. Me rompí la pierna mientras bajaba las escaleras. ▶ ....
4. Hago la tarea y veo la tele. ▶ ....
5. Los españoles hablan y gesticulan mucho. ▶ ....
6. Voy en tren y leo el periódico. ▶ ....
7. Los jóvenes celebran una fiesta y se ríen mucho. ▶ ....
8. Algunos turistas pasan la tarde en la terraza mientras escriben postales. ▶ ....
9. Me doy un paseo y como un helado. ▶ ....
10. Conversamos y tomamos un café. ▶ ....
11. Paloma escribe un e-mail y piensa en su novio. ▶ ....
12. Los vecinos salen de casa y hacen mucho ruido. ▶ ....
13. Mi perro me saluda y ladra. ▶ ....
14. Mi novio siempre se ducha y canta. ▶ ....
15. Muchos jóvenes se divierten en la calle y beben alcohol. ▶ ....

© VERITAS-Verlag, Linz. DURCHSTARTEN – SPANISCH GRAMMATIK ÜBUNGSBUCH. Alle Rechte vorbehalten

13. KAPITEL: Modalverben und Infinitivkonstruktionen

- Modalverben – müssen, können, dürfen, sollen – drücken Pflicht, Wunsch, Möglichkeit etc. aus und werden mit dem Infinitiv verwendet, zB *Tengo que trabajar* – Ich muss arbeiten. Wichtige Modalverben sind:

querer – wollen	***tener que*** – müssen
poder – können, dürfen	***hay que*** – man muss
saber – können (beherrschen)	***deber*** – sollen

- Für das Modalverb „sollen" werden auch andere Strukturen als *deber* verwendet, zB eine Frage in der Ich-Form:
  ¿Abro la ventana? – Soll ich das Fenster öffnen?
  Saber wird verwendet, wenn man etwas grundsätzlich beherrscht, zB *No sé tocar el piano.* – Ich kann nicht Klavier spielen.
  Poder wird verwendet, wenn man ausdrücken will, ob man etwas im Augenblick tun kann: *No puedo ir contigo porque no tengo tiempo.* – Ich kann nicht mit dir kommen, weil ich keine Zeit habe.

- **Weitere wichtige Infinitivkonstruktionen:**

acabar de – „gerade getan haben"	***Acabo de volver.*** – Ich bin gerade zurückgekommen.
empezar a – beginnen zu	***Empezamos a trabajar.*** – Wir beginnen zu arbeiten.
dejar de – aufhören zu	***Paco ha dejado de fumar.*** – Paco hat aufgehört zu rauchen.
ir a – „gleich tun werden"	***Voy a cantar algo.*** – Ich werde etwas singen.
soler – „für gewöhnlich tun"	***No suelo dormir mucho.*** – Ich schlafe normalerweise nicht viel.
tardar en – (Zeit) brauchen	***Tardé mucho en leerlo.*** – Ich brauchte lange, um das zu lesen.
volver a – „wieder tun"	***Vuelvo a llamar.*** – Ich rufe wieder an.

88 Setze die Modalverben *poder, tener que* und *querer* sinngemäß ein:

1. ¿Carlos, ... ayudarme? *(können)* – Lo siento, es que .... salir. *(müssen)*
2. ¿(Vosotros) .... comprar el vino para la fiesta? *(können)*
3. ¡Que suerte! Esta tarde no (yo) .... trabajar. *(müssen)*
4. ¿(tú) .... leer esto? (*können*) – No, la letra es muy pequeña.
5. Este verano mi familia y yo .... pasar las vacaciones en Tenerife. *(wollen)*
6. ¿Para cuándo (vosotros) .... terminar esto? *(müssen)*
7. Lo siento, pero no (yo) .... ir al cine contigo. *(können)*
8. ¿No (tú) .... tomar otra copita? *(wollen)*
9. (Nosotros) .... contaros algo muy interesante. *(müssen)*
10. No (yo) .... entender porqué me ha ofendido de esta forma. *(können)*

89 *Saber* oder *poder*? Wähle das richtige Zeitwort:

1. ¿Tus hijos ya **saben / pueden** nadar?
2. No **sé / puedo** ir a esquiar contigo, es que me duele mucho la rodilla.
3. ¿Tú **sabes / puedes** esquiar? – Sí, lo aprendí ya de niño, pues cada invierno íbamos a Sierra Nevada en febrero.
4. Carlitos ya **sabe / puede** leer aunque sólo tiene cinco años.
5. ¿Nos **sabes / puedes** sacar una foto, por favor? – ¡Claro que sí, cómo no!
6. Mi abuela no **sabe / puede** usar el móvil.
7. Casi todos los jóvenes **saben / pueden** trabajar con el ordenador y navegar en la red.
8. Por favor, ¿me **sabes / puedes** bajar este documento de la red? – Lo siento, es que mi ordenador no funciona de momento.
9. ¿Nos **sabéis / podéis** regar las plantas durante las vacaciones? – Claro que sí, no faltaba más.
10. No **sé / puedo** tocar ningún instrumento, pero me gustaría mucho **saber / poder** tocar la guitarra.

© VERITAS-Verlag, Linz. DURCHSTARTEN – SPANISCH GRAMMATIK ÜBUNGSBUCH. Alle Rechte vorbehalten

90 Ordne folgende Elemente zu Sätzen:

1. ir / al / que / tengo / supermercado.

   ....

2. gramática / que / hay / estudiar / la.

   ....

3. aquí / fumar / se / no / puede.

   ....

4. ¿hora / que / nos / levantar / qué / tenemos / a?

   ....

5. ¿me / traer / puedes / de / unas / aspirinas / farmacia / la?

   ....

6. ¿a / queréis / la / piscina / ir / nosotros / con?

   ....

7. quiere / Pedro / medicina / estudiar / Barcelona / en.

   ....

8. que / tengo / a / un / escribir / e-mail / Ana / le.

   ....

9. mis / no / gafas / encontrar / puedo.

   ....

10. esta / quiero / mis / con / amigos / salir / tarde.

    ....

11. reservar / una / quería / habitación.

    ....

12. ¿sacar / puedes / entradas / para / las / cine / el?

    ....

13. que / tenemos / a / los / visitar / abuelos / domingo / el.

    ....

14. desayunar / suelo / poco / muy.

    ....

15. puedo / no / a / tu / fiesta / ir / cumpleaños / de.

    ....

91 Übersetze:

1. Ich muss weggehen. ▶ ....
2. Heute möchte ich bezahlen. ▶ ....
3. Soll ich die Türe schließen? ▶ ....
4. Ich muss mit dir sprechen. ▶ ....
5. Er kann nicht schwimmen. ▶ ....
6. Ich kann nicht kommen. ▶ ....
7. Man muss die Zeitung lesen. ▶ ....
8. Soll ich das Licht einschalten? ▶ ....
9. Kannst du mir das Buch borgen? ▶ ....
10. Möchtest du an den Strand fahren? ▶ ....

© VERITAS-Verlag, Linz. DURCHSTARTEN – SPANISCH GRAMMATIK ÜBUNGSBUCH. Alle Rechte vorbehalten

92 Setze die entsprechende Form von *tardar, dejar, soler, acabar, volver, ir, empezar* ein:

1. Los niños .... volver a las tres del colegio.
2. (Yo) .... de hablar con Paloma; dice que nos .... a ayudar.
3. Te quería hablar el señor González, pero ha dicho que .... a llamar más tarde.
4. ¿Cuánto tiempo (nosotros) .... en llegar? – Creo que una hora, más o menos.
5. ¿Otro cigarrillo? ¿Cuándo por fin (tú) .... de fumar?
6. ¿A qué hora .... usted a trabajar?
7. Creo que Fernando ha .... de estudiar.
8. Eso no es correcto; tenemos que .... a empezar.
9. Buenos días, ¿qué (ustedes) .... a tomar?
10. Tenemos que descansar un poco, es que .... de llegar.
11. Los domingos (nosotros) .... ir al campo.
12. El autobús .... sólo media hora en ir a Becerril.
13. La semana que viene .... a venir mis primos de Granada.
14. Mi madre no está en casa, ... de salir.
15. Yo no .... desayunar mucho.
16. (Yo) .... de hablar con Ramón; me ha dicho que ya ha comprado un regalo para la boda de Concha y Alfonso.
17. Muchos jóvenes .... de comer carne porque les dan pena los animales.
18. ¿Sabes que Carmen .... a casarse? Ha conocido a un hombre muy simpático y me ha anunciado que la boda ya será en octubre.
19. No se preocupe, señora, no vamos a .... mucho en arreglar la bicicleta, la tendrá dentro de dos o tres horas.

93 Welche Sätze und Ausdrücke der beiden Spalten entsprechen einander?

1. Ana ha dejado de estudiar alemán.
2. De niño solía visitar a mis abuelos en Toledo.
3. Ahora voy a preparar la comida.
4. Acaban de llamar a la ambulancia por el accidente.
5. He tardado más de dos horas en llegar por el atasco.
6. Este año volveremos a viajar a Mallorca.
7. Ya he empezado a hacer los ejercicios.

a. Vamos otra vez allí.
b. Ya la han llamado.
c. Lo hacía siempre.
d. Ya los estoy haciendo.
e. Ya no lo hace.
f. He necesitado mucho tiempo.
g. En poco tiempo lo haré.

94 Übersetze:

1. Ich komme normalerweise um sechs Uhr heim. ▶ ....
2. Das Geschäft hat gerade geschlossen. ▶ ....
3. Wirst du mich wieder besuchen? ▶ ....
4. Hast du begonnen, das Buch zu lesen? ▶ ....
5. Mein Freund arbeitet nicht mehr in dieser Firma. ▶ ....
6. Wir werden heute ein neues Haus ansehen. ▶ ....
7. Wie lange hast du gebraucht, um den Brief zu schreiben? ▶ ....

© VERITAS-Verlag, Linz. DURCHSTARTEN – SPANISCH GRAMMATIK ÜBUNGSBUCH. Alle Rechte vorbehalten

14. KAPITEL: *Pretérito perfecto*

- **Bildung:** Präsens des Hilfszeitwortes ***haber*** + **Partizip des Vollverbs:**

	Person	Präsens von *haber*	*Partizip*	
Ez.	1. Person	***he***	***comprado*** ***bebido*** ***vivido***	Im Unterschied zum deutschen Perfekt gibt es **keinen Unterschied** zwischen **sein** und **haben:** *he llegado* heißt: ich bin angekommen, *he comido* heißt: ich habe gegessen.
	2. Person	***has***		
	3. Person	***ha***		
Mz.	1. Person	***hemos***		
	2. Person	***habéis***		
	3. Person	***han***		

- **Unregelmäßige Partizipien**

Nennform	Deutsche Bedeutung	Partizip
abrir	öffnen	***abierto***
cubrir	zudecken	***cubierto***
decir	sagen	***dicho***
escribir	schreiben	***escrito***
hacer	machen	***hecho***
ir	gehen, fahren	***ido***
morir	sterben	***muerto***
poner	stellen, legen	***puesto***
romper	zerbrechen	***roto***
ser	sein	***sido***
ver	sehen	***visto***
volver	zurückkommen	***vuelto***

- **Anwendung**

Das *pretérito perfecto* wird vor allem dann verwendet, wenn ein Ereignis zwar vergangen ist, **der Zeitraum**, in dem das Ereignis stattgefunden hat, aber noch **in die Gegenwart hineinreicht**, vor allem nach Ausdrücken wie *hoy, esta semana, este mes, este año, ya, todavía no, hasta ahora …*
Esta semana he estudiado mucho (Diese Woche habe ich viel gelernt) bedeutet also, dass das Ereignis zwar wohl vorbei ist, der Sprecher / die Sprecherin das Geschehen aber in **unmittelbare Nähe zur Gegenwart** rücken will.

95 **Ordne die Partizipien ihrer Nennform zu:**

1. dicho	a. encontrar
2. venido	b. tener
3. puesto	c. cubrir
4. visto	d. decir
5. vendido	e. comprar
6. estado	f. ver
7. encontrado	g. abrir
8. cubierto	h. comparar
9. abierto	i. estar
10. conocido	j. poner
11. escrito	k. venir
12. comparado	l. escribir
13. comprado	m. vender
14. tenido	n. conocer

© VERITAS-Verlag, Linz. DURCHSTARTEN – SPANISCH GRAMMATIK ÜBUNGSBUCH. Alle Rechte vorbehalten

96 Setze die Verben im *pretérito perfecto* ein:

1. ¿Quién (abrir) .... la ventana?
2. ¿Dónde (comprar, tú) .... este jersey? Es muy bonito.
3. ¿Ya (ir, vosotros) .... una vez a Latinoamérica?
4. Hoy (levantarse, nosotros) .... muy pronto, por eso estamos un poco cansados.
5. ¿Todavía no (comer, tú) ....?
6. Hace poco (morirse) .... los abuelos de Juan.
7. ¿No me (entender, usted) .... ?
8. Este año (ver, yo) .... muchas películas muy interesantes.
9. ¿Todavía no (probar, vosotros) .... estas gambas? Están riquísimas.
10. Hasta ahora no (conocer, yo) .... al novio de Nuria.
11. ¿Ya le (escribir, tú) .... el e-mail a Juan Manuel?
12. Hoy (reservar, nosotros) .... el vuelo para Buenos Aires.
13. Todavía no (tener, yo) .... tiempo para lavar la ropa.
14. ¿Qué te (decir) .... el jefe? ¿Está de acuerdo?
15. No (ser) .... fácil encontrar un regalo para Guillermo.
16. ¿(Hacer, vosotros) .... la compra?
17. Los niños ya (poner) .... la mesa.
18. Ya (preparar, nosotros) .... la comida.
19. ¿Ya (elegir, ustedes) ...., señores?
20. ¿Te (gustar) .... la paella?
21. Usted ya (leer) .... el periódico?
22. ¿Carlos te (traer) .... los libros?
23. Los niños (dormirse) .... hace poco.
24. Hoy (volver) .... mis padres.
25. Juan todavía no (disculparse) ....; parece que cree que tiene razón.
26. Por el ruido la gente no (oír) .... casi nada.
27. Todavía no (encontrar, yo) .... mis pendientes.
28. Creo que (perder, yo) .... mis llaves de casa.
29. Carlos (estar) .... enfermo últimamente. Todavía está un poco pálido.
30. ¿Sabes que Miguel (romperse) .... la pierna? ¡Qué mala suerte!
31. ¿(Acostarse, vosotros) .... pronto?
32. (Llamar, yo) .... por teléfono, pero no (contestar) .... nadie.
33. No quiero tomar nada, es que ya (desayunar) ....
34. ¿Por qué no (ponerse, tú) .... las botas? Es que hace mucho frío.
35. ¿Ustedes (reservar) .... una mesa? – Sí, (reservar, nosotros) .... a nombre de Rodero.
36. ¿Todavía no (llegar) .... el tren? – No, (decir, ellos) .... que tiene veinte minutos de retraso.
37. Yo no (fumar) .... nunca.
38. ¿(Beber, vosotros) .... mucho en la fiesta?
39. ¡Qué delgada está Mónica! Por lo visto (adelgazar) .... mucho.
40. ¿Por qué no (empezar, vosotros) ....? – Es que (querer, nosotros) .... esperarte.

© VERITAS-Verlag, Linz. DURCHSTARTEN – SPANISCH GRAMMATIK ÜBUNGSBUCH. Alle Rechte vorbehalten

97 Setze die folgenden Sätze ins *pretérito perfecto*:

Modelo: *Los niños juegan muchos vídeojuegos.* ▶ *Los niños han jugado muchos vídeojuegos.*

1. No encuentro mis llaves. ▶ ....
2. Mis amigos vuelven de la escuela. ▶ ....
3. ¿No os laváis las manos? ▶ ....
4. ¿A qué hora te acuestas? ▶ ....
5. Los niños hacen los deberes. ▶ ....
6. Estoy bastante cansada. ▶ ....
7. Yo nunca tengo suerte en el amor. ▶ ....
8. Salimos con nuestros amigos a la discoteca. ▶ ....
9. No quiero comer nada. ▶ ....
10. Aprendemos los verbos españoles. ▶ ....
11. ¿Esta tarde no hacéis nada interesante? ▶ ....
12. Mis padres se van de vacaciones. ▶ ....
13. ¿Escucháis las noticias? ▶ ....
14. Quedamos con unos amigos. ▶ ....
15. Aquí abre una nueva tienda. ▶ ....
16. Hago la comida para la fiesta. ▶ ....
17. No puedo dormir. ▶ ....
18. Tengo tos y un poco de fiebre. ▶ ....
19. Llueve bastante y hace frío. ▶ ....

98 Was hast du diese Woche gemacht und was nicht? Bilde Sätze:

Modelo: *lavarse los dientes*✔ ▶ *Me he lavado los dientes.*
ir de compras ▶ *No he ido de compras.*

Ir al cine✔ – leer un libro – estudiar para la escuela✔ – enamorarse de una persona maravillosa✔ – navegar en la red – enviar correos electrónicos✔ – ayudar a mi madre – escribir SMS✔ – cocinar para mi familia – hacer un viaje – escuchar música✔ – celebrar una fiesta – salir con mis amigos✔ – ir en metro – tomar una copa de vino – comer paella✔ – acostarse pronto – ver la televisión✔ – charlar con mis amigos✔ – hablar por teléfono✔ – nadar en la playa – invitar a mis primos – olvidar mis libros en casa✔ – hacer un examen

Lo que sí he hecho esta semana.

1. ....
2. ....
3. ....
4. ....
5. ....
6. ....
7. ....
8. ....
9. ....
10. ....
11. ....
12. ....

Lo que no he hecho esta semana.

a. ....
b. ....
c. ....
d. ....
e. ....
f. ....
g. ....
h. ....
i. ....
j. ....
k. ....
l. ....

© VERITAS-Verlag, Linz. DURCHSTARTEN – SPANISCH GRAMMATIK ÜBUNGSBUCH. Alle Rechte vorbehalten

15. KAPITEL: *Pretérito indefinido*

- **Regelmäßige Verben**

	comprar	*beber*	*escribir*
yo	*compr**é***	*beb**í***	*escrib**í***
tú	*compr**aste***	*beb**iste***	*escrib**iste***
él / ella / usted	*compr**ó***	*beb**ió***	*escrib**ió***
nosotros, -as	*compr**amos***	*beb**imos***	*escrib**imos***
vosotros, -as	*compr**asteis***	*beb**isteis***	*escrib**isteis***
ellos / ellas / ustedes	*compr**aron***	*beb**ieron***	*escrib**ieron***

- Die 1. und 3. Person Einzahl werden immer endbetont – daher gibt es im *indefinido* **keinen Diphthong** (*entiendo* ▸ *entendí*)! Akzent und Betonung sind sehr wichtig, da sich Präsens und *indefinido* zB in der 3. Person Einzahl sehr ähnlich sind, zB: *compro* – ich kaufe, *compró* – er kaufte bzw. er hat gekauft.

- Einige Verben weisen **orthografische Veränderungen** auf:
  - Bei den Zeitwörtern auf ***-gar*** fügt man in der Ich-Form ein ***-u-*** ein, um die Aussprache des ***-g*** zu erhalten, zB *llegar: lle**gué**, llegaste, llegó …*
  - Bei den Zeitwörtern auf ***-car*** verändert sich in der Ich-Form das ***-c-*** zu ***-qu-***, zB: *buscar: bus**qué**, buscaste, buscó …*
  - Bei den Zeitwörtern auf ***-zar*** verändert sich in der Ich-Form ***-z-*** zu ***-c-***, zB: *empezar: empe**cé**, empezaste, empezó …*
  - Bei einigen **Zeitwörtern auf *-er* und *-ir*** wird in der **3. Person Einzahl und Mehrzahl *-i-* zu *-y-***, zB: *creer: creí, creíste, **creyó**, creímos, creísteis, **creyeron**.*

- Formen mit **Vokalwechsel:**
  Einige **Zeitwörter auf *-ir*** weisen in der **3. Person Einzahl und Mehrzahl** eine Veränderung des Stammvokals auf, zB:

-e- ▸ *-i-*	***preferir***	*preferí*	*preferiste*	***prefirió***	*preferimos*	*preferisteis*	***prefirieron***
-o- ▸ *-u-*	***dormir***	*dormí*	*dormiste*	***durmió***	*dormimos*	*dormisteis*	***durmieron***

- **Wichtige unregelmäßige Formen**

ser, ir	*estar*	*tener*	*poder*	*poner*	*hacer*	*venir*	*querer*
fui	*estuve*	*tuve*	*pude*	*puse*	*hice*	*vine*	*quise*
fuiste	*estuviste*	*tuviste*	*pudiste*	*pusiste*	*hiciste*	*viniste*	*quisiste*
fue	*estuvo*	*tuvo*	*pudo*	*puso*	*hizo*	*vino*	*quiso*
fuimos	*estuvimos*	*tuvimos*	*pudimos*	*pusimos*	*hicimos*	*vinimos*	*quisimos*
fuisteis	*estuvisteis*	*tuvisteis*	*pudisteis*	*pusisteis*	*hicisteis*	*vinisteis*	*quisisteis*
fueron	*estuvieron*	*tuvieron*	*pudieron*	*pusieron*	*hicieron*	*vinieron*	*quisieron*

saber	*dar*	*ver*	*decir*	*traer*	*traducir*	*producir*	*conducir*
supe	*di*	*vi*	*dije*	*traje*	*traduje*	*produje*	*conduje*
supiste	*diste*	*viste*	*dijiste*	*trajiste*	*tradujiste*	*produjiste*	*condujiste*
supo	*dio*	*vio*	*dijo*	*trajo*	*tradujo*	*produjo*	*condujo*
supimos	*dimos*	*vimos*	*dijimos*	*trajimos*	*tradujimos*	*produjimos*	*condujimos*
supisteis	*disteis*	*visteis*	*dijisteis*	*trajisteis*	*tradujisteis*	*produjisteis*	*condujisteis*
supieron	*dieron*	*vieron*	*dijeron*	*trajeron*	*tradujeron*	*produjeron*	*condujeron*

  - Indefinido von ***hay***: ***hubo***
  - Verwendung
    Das ***pretérito indefinido*** ist die wichtigste **Erzählzeit** im Spanischen: Es wird gebraucht, um über Vergangenes zu berichten oder eine Geschichte zu erzählen. Das *indefinido* lässt eine Handlung in der Vergangenheit „voranschreiten", weil die **Ereignisse**, die damit ausgedrückt werden, aufeinander folgen und als **abgeschlossen** betrachtet werden.
    Auch der **Zeitraum** wird vom Sprecher als **abgeschlossen** betrachtet – zB: *ayer* – gestern, *la semana pasada* – letzte Woche, *hace algunos años* – vor einigen Jahren, *anoche* – gestern Abend …

© VERITAS-Verlag, Linz. DURCHSTARTEN – SPANISCH GRAMMATIK ÜBUNGSBUCH. Alle Rechte vorbehalten

99 Bilde zu folgenden Präsensformen das *indefinido*:

1. hablo ▶ ....
2. aprendes ▶ ....
3. comemos ▶ ....
4. viven ▶ ....
5. tenéis ▶ ....
6. empiezo ▶ ....
7. duermen ▶ ....
8. hago ▶ ....
9. entiendes ▶ ....
10. decimos ▶ ....
11. voy ▶ ....
12. son ▶ ....
13. sabes ▶ ....
14. conozco ▶ ....
15. ves ▶ ....
16. cree ▶ ....
17. vengo ▶ ....
18. leen ▶ ....
19. llego ▶ ....
20. pueden ▶ ....
21. esperan ▶ ....
22. estamos ▶ ....
23. trabajas ▶ ....
24. escuchan ▶ ....

100 Setze die Verben im *indefinido* ein:

1. La semana pasada (tener, nosotros) .... un grave problema con el ordenador; menos mal que lo (arreglar, ellos) .... ayer.
2. Ayer (comprar, yo) .... un vestido para la boda de mi hermana.
3. Mis primas (casarse) .... el año pasado.
4. Anoche (estar, yo) .... en una fiesta latinoamericana muy divertida; (bailar, nosotros) .... salsa y merengue, un chico mexicano (cantar) .... rancheras y (comer, nosotros) .... tortillas y enchiladas.
5. ¿Qué (hacer, tú) .... el fin de semana? – Mi novio y yo (ir) .... a Málaga, a la playa. (Sacar, yo) .... algunas fotos, ¿las quieres ver?
6. El domingo me (visitar) .... mis abuelos.
7. Cervantes y Shakespeare (morirse) .... en el mismo año.
8. Evidentemente Juan (sentirse) .... bastante mal ayer.
9. Anteayer (ver, nosotros) .... una película muy divertida en el cine.
10. Ayer mi novia (llamar) .... a la agencia para reservar el viaje.
11. ¿Adónde (ir, vosotros) .... de vacaciones en julio? – (Hacer, nosotros) .... un viaje muy bonito por Francia.
12. ¿Pueden darnos otra habitación? Es que anoche no (poder, nosotros) .... dormir por el ruido.
13. No (entender, yo) .... casi nada de lo que (decir, ellos) .... en la conferencia de ayer.
14. Juan me (devolver) .... los libros.
15. Ayer (tener, yo) .... que ir al dentista.
16. Los intérpretes (traducir) .... todos los textos al español.
17. ¿Cuándo me (enviar, tú) .... el paquete? Hasta ahora no lo he recibido.
18. David y Ana (conocerse) .... en la universidad.
19. El fin de semana (quedar, nosotros) .... con unos amigos y (tomar) .... una copa.
20. En las vacaciones mi prima (leer) .... todos los libros de "Harry Potter".

© VERITAS-Verlag, Linz. DURCHSTARTEN – SPANISCH GRAMMATIK ÜBUNGSBUCH. Alle Rechte vorbehalten

101 **Beantworte die Fragen im *indefinido*. Ersetze gegebenenfalls das Objekt durch ein Pronomen!**

Modelo: *¿Ya has hecho los deberes? (ayer)* ▶ *Sí, los hice ayer.*

1. ¿Cuándo has visto a Carlos? (el sábado) ▶

....

2. ¿Habéis puesto la mesa? (hace una hora) ▶

....

3. ¿Ustedes han reservado mesa? (por teléfono) ▶

....

4. ¿Cuándo habéis vuelto del viaje? (ayer) ▶

....

5. ¿Ya has enviado el e-mail? (por la mañana) ▶

....

6. ¿Te ha gustado la película? (mucho) ▶

....

7. ¿Has aprendido ya el vocabulario? (anoche) ▶

....

8. ¿Cuándo habéis comprado el ordenador? (la semana pasada) ▶

....

9. ¿Ya has vendido tu moto antigua? (hace un mes) ▶

....

10. ¿Usted ha escuchado las noticias en la radio? (hace unas horas) ▶

....

11. ¿Ya has escrito las postales para Ana y Martín? (ayer) ▶

....

12. ¿Ya habéis hablado con vuestros padres? (hace unos días) ▶

....

13. ¿Te has comido ya la tarta de cumpleaños? (el fin de semana) ▶

....

14. ¿Ustedes han visitado ya el Museo de Bellas Artes? (anteayer) ▶

....

15. ¿Tu hermano ya ha leído el libro? (hace unos días) ▶

....

16. ¿Has jugado al tenis con tus amigos? (el domingo) ▶

....

17. ¿El profesor ha explicado los verbos en indefinido? (en la última clase) ▶

....

18. ¿Tu padre ya ha encontrado las llaves de casa? (anoche) ▶

....

19. ¿Ya le habéis dicho todo a vuestro jefe? (ayer) ▶

....

20. ¿Cuándo ha llegado el tren de Sevilla? (hace dos horas) ▶

....

 © VERITAS-Verlag, Linz. DURCHSTARTEN – SPANISCH GRAMMATIK ÜBUNGSBUCH. Alle Rechte vorbehalten

102 Setze passende Verben im *indefinido* ein:

1. La semana pasada .... (yo) un diccionario de español.
2. En clase los alumnos .... un texto de Gabriel García Márquez.
3. ¿Cuándo .... (vosotros) en Mallorca?
4. El fin de semana .... muy buen tiempo.
5. Durante la fiesta algunos de mis amigos .... la guitarra y .... una canción.
6. Mi abuela me .... una historia muy interesante y divertida.
7. Estos señores .... una habitación doble desde el 15 hasta el 21 de marzo.
8. El fin de semana .... (yo) con mis amigos a la discoteca.
9. En el bar .... (nosotros) chocolate con churros y Paloma .... un café con leche.
10. ¿Adónde .... (tú) después de clase?
11. Los estudiantes .... muchas fotos en Toledo.
12. ¡Qué caro todo! El año pasado los precios .... bastante.
13. Nosotros no .... en metro sino en autobús.
14. A los turistas de mi grupo les .... mucho el Museo del Prado.
15. El domingo Paloma y yo .... la exposición de Salvador Dalí.
16. Los jóvenes .... la tele todo el fin de semana.
17. En vez de estudiar este alumno sólo .... en Internet durante la clase; es que realmente no le gusta estudiar.
18. En el periódico .... (yo) una noticia muy interesante.
19. Hace algunos años .... a estudiar ruso, pero lo dejé pronto – la verdad es que es un idioma muy difícil.
20. Los chicos no te .... la verdad.
21. La semana pasada mi marido y yo .... un accidente de tráfico.
22. Ayer .... (yo) a las cartas con mis amigos.
23. Hace algunos días .... a una persona muy interesante y simpática; creo que me he enamorado.
24. Ayer me .... unos zapatos muy cómodos para la excursión.
25. El domingo mi novio y yo .... una paella fantástica en el restaurante "Botín".

103 Bilde die entsprechenden Formen des *indefinido*:

1. yo	.... *hacer*	.... *empezar*	.... *reír*	.... *saber*	.... *salir*
2. tú	.... *ver*	.... *tener*	.... *ir*	.... *ser*	.... *estar*
3. él/ella usted	.... *decir*	.... *seguir*	.... *vender*	.... *venir*	.... *querer*
4. nosotros/ nosotras	.... *poner*	.... *caer*	.... *conducir*	.... *comprender*	.... *repetir*
5. vosotros/ vosotras	.... *traer*	.... *oír*	.... *estar*	.... *escribir*	.... *contar*
6. ellos, -as ustedes	.... *probar*	.... *mover*	.... *leer*	.... *costar*	.... *elegir*

© VERITAS-Verlag, Linz. DURCHSTARTEN – SPANISCH GRAMMATIK ÜBUNGSBUCH. Alle Rechte vorbehalten

104 Bilde aus den Elementen vollständige Sätze im *indefinido* – Artikel, Präpositionen etc. sind zu ergänzen!

Modelo: *Domingo / nosotros / comer / restaurante / italiano.* ▶ El domingo comimos en un restaurante italiano.

1. La semana pasada / yo / estudiar / mucho / examen / español.

....

2. Ayer / mi amiga / no / dormir / casa.

....

3. Vacaciones / Pedro y Carlos / no / hacer / nada.

....

4. ¿El sábado / vosotros / comprar / regalos de Navidad?

....

5. ¿Ayer / tú / ir / Viena / autobús / o / tren?

....

6. ¿Te / gustar / nueva / película / Steven Spielberg?

....

7. Carlos / aprender / cocinar / paella.

....

8. Ayer / tarde / yo / escuchar / concierto / radio.

....

9. Sábado / hacer / bastante / frío / y / llover / mucho.

....

10. Año pasado / mi prima / tener / su / primer hijo.

....

11. A nosotros / no / nos / interesar / museos / Madrid.

....

12. Yo / empezar / estudiar / español / hace dos años.

....

105 Setze die entsprechenden Formen des *indefinido* von *gustar* ein!

1. Las gambas no nos .... nada.
2. A mi primo le .... mucho la comida.
3. A mí no me .... esta película.
4. A usted, señor Pérez, ¿le .... nuestra excursión? – Sí, me .... muchísimo.
5. A los estudiantes les .... mucho Toledo, aunque no les .... los museos.
6. La cerveza y el vino blanco no me ...., sólo me .... el vino tinto que nos ofrecieron.
7. El piso que visitamos no le .... a mi novia.
8. Al público no le .... la nueva obra de teatro.
9. ¿A ti te .... estas frutas?
10. A los otros alumnos no les .... las clases de conversación, pero a mí sí me .... mucho.
11. A mi hermano no le .... nada este coche, por eso se compró otro.
12. ¿Te .... la tarta, Carmen? – Sí, cómo no, esta receta es buenísima.
13. ¿Os .... la corrida de toros? – Sí, nos .... mucho.

 © VERITAS-Verlag, Linz. DURCHSTARTEN – SPANISCH GRAMMATIK ÜBUNGSBUCH. Alle Rechte vorbehalten

106 Ergänze die fehlenden Formen im *presente* bzw. *indefinido*:

Presente	Indefinido	Presente	Indefinido
1. lee		7. entiendes	
2.	estuve	8.	pusimos
3. comemos		9. vuelve	
4.	pagué	10.	dejasteis
5. hago		11. decimos	
6.	se acostó	12.	dieron

107 Setze die entsprechenden Formen von *hay, ser, estar, hacer* oder *tener* im *indefinido* ein:

1. En el pasado mes de agosto .... muchísimo calor en el sur de España.
2. En julio Carlos y yo .... en Granada.
3. En el año 2005 .... muchas catástrofes naturales en muchas partes del mundo.
4. Mis amigos .... los culpables del accidente.
5. ¿Cuándo .... aquel accidente, Paloma? – Ya hace casi un año.
6. De pronto .... mucho ruido en la calle, no sabía qué había pasado.
7. El domingo pasado no .... buen tiempo.
8. ¿Dónde .... todo el tiempo, María?
9. Los alumnos .... todos los deberes en la escuela.
10. ¿Cómo .... la fiesta de Carlos? – .... muy divertida.
11. Hace un año mi familia y yo .... en Argentina. Nos gustó muchísimo.
12. ¿ .... algún problema entre tú y tu novio? – Sí, discutimos un poco y estoy un poco enfadada con él.
13. ¿Qué .... (vosotros) en las vacaciones?
14. Ayer .... bastante frío, ¿verdad?
15. La visita a la Plaza de Toros .... muy interesante.
16. El padre de Juan Manuel .... un hombre muy simpático.
17. Ayer no .... (yo) tiempo para hacer la compra.
18. El año pasado .... (yo) bastante enferma durante algún tiempo.
19. Los García .... que vender su casa en la playa.
20. Durante la reunión .... una discusión muy fuerte entre los empleados.

108 Vervollständige den Tagesablauf mit den Formen des *indefinido*:

1. Ayer (despertarse, yo) .... muy pronto, a las seis.
2. A las siete y media ya (salir, yo) .... de casa para ir a la oficina.
3. (Tener, yo) .... que trabajar mucho hasta las dos de la tarde.
4. A las tres algunos colegas y yo (comer) .... en un buen restaurante.
5. (Volver, nosotros) .... al trabajo a las cuatro.
6. Después del trabajo (quedar, yo) .... con una amiga y (ir, nosotros) .... a un bar para charlar un poco.
7. A las nueve (llegar, yo) .... a casa y muy pronto (ducharse) ....
8. Después (ver, yo) .... un poco la tele y (acostarse, yo) .... a las doce.

© VERITAS-Verlag, Linz. DURCHSTARTEN – SPANISCH GRAMMATIK ÜBUNGSBUCH. Alle Rechte vorbehalten

16. KAPITEL: *Pretérito imperfecto*

- **Regelmäßige Verben**
  Die Verben auf ***-ar*** bilden das ***imperfecto*** mit der Endung auf ***-aba***, die Verben auf ***-er*** und ***-ir*** auf ***-ía***:

	comprar	***beber***	***escribir***
Ez.	*compr**aba***	*beb**ía***	*escrib**ía***
	*compr**abas***	*beb**ías***	*escrib**ías***
	*compr**aba***	*beb**ía***	*escrib**ía***
Mz.	*compr**ábamos***	*beb**íamos***	*escrib**íamos***
	*compr**abais***	*beb**íais***	*escrib**íais***
	*compr**aban***	*beb**ían***	*escrib**ían***

- **Unregelmäßige Formen**

ser sein	***ir*** gehen	***ver*** sehen
era	*iba*	*veía*
eras	*ibas*	*veías*
era	*iba*	*veía*
éramos	*íbamos*	*veíamos*
erais	*ibais*	*veíais*
eran	*iban*	*veían*

- **Verwendung**
  Das ***imperfecto*** dient vor allem dazu, Beschreibungen und Zustände in der Vergangenheit wiederzugeben, die bereits vorhanden waren, als eine Handlung (▸ ***indefinido***) einsetzte.
  Kann man fragen: **Was war?** – verwendet man das ***imperfecto***.
  Kann man fragen: **Was geschah?** – verwendet man ***indefinido***.

  Mit Hilfe des ***imperfecto*** beschreibt man **Zustände** und **Gewohnheiten** in der Vergangenheit; ebenso werden **Uhrzeiten** in der Vergangenheit mit dem *imperfecto* angegeben.
  Innerhalb einer Erzählung verwendet man das *imperfecto*, um den **Hintergrund** oder die **Umstände** einer Handlung wiederzugeben bzw. zu schildern, was bereits bereits war, als etwas anderes begann.
  (▸ Zeitraum nicht abgeschlossen!)
  Beschreibungen: *imperfecto* **Aktionen: *indefinido***

109 Bilde zu folgenden Präsensformen das *imperfecto*:

1. tomo ▸ ....
2. entiendes ▸ ....
3. bebemos ▸ ....
4. escriben ▸ ....
5. eres ▸ ....
6. voy ▸ ....
7. duermo ▸ ....
8. hago ▸ ....
9. vienes ▸ ....
10. dicen ▸ ....
11. van ▸ ....
12. somos ▸ ....
13. traigo ▸ ....
14. escuchamos ▸ ....
15. veo ▸ ....
16. creéis ▸ ....
17. sabemos ▸ ....
18. oyen ▸ ....
19. salgo ▸ ....
20. puedes ▸ ....
21. esperamos ▸ ....
22. están ▸ ....
23. trabajas ▸ ....
24. vuelvo ▸ ....
25. son ▸ ....
26. tienes ▸ ....
27. juegan ▸ ....
28. miramos ▸ ....
29. se sienten ▸ ....
30. me levanto ▸ ....

 © VERITAS-Verlag, Linz. DURCHSTARTEN – SPANISCH GRAMMATIK ÜBUNGSBUCH. Alle Rechte vorbehalten

110 Setze die Verben im *imperfecto* ein:

1. En la Edad Media la vida de la gente (ser) .... muy dura: no (haber) .... máquinas y mucha gente no (tener) .... trabajo. Los mendigos (pedir) .... en la calle. En las casas se (pasar) .... mucho frío porque no (tener) .... calefacción. Muchos niños (morirse) .... muy pronto y la mayoría de la gente no (saber) .... leer ni escribir.
2. Cuando yo (ser) .... niño, siempre (desayunar) .... chocolate y galletas.
3. (Haber) .... una vez un príncipe que (estar) .... enamorado de una princesa. (Vivir, ellos) .... en un palacio maravilloso y (ser) .... muy felices hasta que un día ...
4. Antes mi hermana y yo (comer) .... helado casi cada día, pero a mí ya no me gusta mucho.
5. La casa de mis abuelos (ser) .... muy pequeña pero cómoda; en el jardín (haber) .... muchos árboles y flores muy bonitas. Cada día mi abuela (regar) .... sus plantas y (cuidar) .... de su pequeña huerta donde (cultivar) .... frutas y verduras.
6. Mi madre (cocinar) .... muy bien – los domingos (preparar) .... paella para toda la familia y además (invitar, nosotros) .... a muchos amigos para comer.
7. Antes, los alumnos no (tener) .... tanta libertad como hoy. Los profesores (ser) .... muy estrictos y (castigar) .... a los alumnos que no (obedecer) .... Los chicos (aprender) .... muchas cosas de memoria y no (poder) .... ser muy creativos.
8. En las vacaciones (hacer) .... muy mal tiempo; casi cada día (llover) .... o (estar) .... nublado. No pudimos hacer gran cosa y eso que (querer, nosotros) .... hacer montañismo en los Pirineos.
9. De niño (tener, yo) .... miedo en la oscuridad y casi siempre (soñar) .... con monstruos horribles. Por eso mi madre me (poner) .... la luz cuando me (ir) .... a dormir.
10. Mi novio (soler) .... hacer mucho deporte; cada día (levantarse) .... muy pronto para hacer footing y además (pasar) .... muchas tardes en un gimnasio para estar en forma.
11. Mi abuelo (ser) .... un hombre muy activo; a los ochenta años todavía (practicar) .... el tenis y (montar) .... en bici.
12. Mi familia y yo casi nunca (ir) .... al cine; a mi padre no le (interesar) .... el cine y a mi madre sólo le (gustar) .... las comedias.
13. La cultura de los mayas (ser) .... fascinante: (construir, ellos) .... pirámides y templos donde (celebrar) .... rituales misteriosos.
14. Antes, en mi pueblo no (haber) .... tanto tráfico como hoy día. Los niños (poder) .... jugar en la calle tranquilamente y casi nunca (ocurrir) .... accidentes.
15. Hace cien años los jóvenes no (tener) .... tantas posibilidades para divertirse como hoy. No (haber) .... discotecas, pero aún así la gente joven (ir) .... a bailar o (divertirse) .... en conciertos o fiestas. Las chicas sólo (salir) .... acompañadas por una persona de confianza.

© VERITAS-Verlag, Linz. DURCHSTARTEN – SPANISCH GRAMMATIK ÜBUNGSBUCH. Alle Rechte vorbehalten

111 Ergänze in dem Raster die fehlenden Formen – pro Verb dieselbe Person!

Presente	Indefinido	Imperfecto	Perfecto
puedes			
	tuve		
		vendíamos	
			ha visto
		sabíais	
	estuvieron		
vamos			
	perdimos		
		eran	
			hemos hecho
		decíamos	
	puso		
me acuesto			

112 Ergänze die Sätze im *imperfecto*:

1. Fuimos al restaurante porque (tener) .... mucha hambre.
2. Carlos tuvo un accidente porque (nevar) .... y él no (ver) .... nada.
3. No pude entrar en la casa porque no (tener) .... llaves.
4. Cuando entró el profesor, los alumnos (gritar) .... y (hacer) .... muchísimo ruido.
5. La familia (estar) .... haciendo un picnic cuando de pronto hubo una tormenta y empezó a llover.
6. Un ladrón me robó la cartera mientras (darse, yo) .... un paseo por el centro de la ciudad. En la cartera (llevar, yo) .... mi tarjeta de crédito y unos cien euros.
7. Un taxi atropelló a mi perro cuando (cruzar) .... la calle.
8. Cuando salí del trabajo ayer, ya (ser) .... las nueve de la tarde. ¡Qué día más duro!
9. Yo sólo (tener) .... cinco años cuando se murió mi abuela.
10. Dejé pronto la fiesta porque (haber) .... mucha gente y la música no me (gustar) ....
11. Mi hermano se rompió la pierna mientras (esquiar) .... en Sierra Nevada.
12. Empecé a estudiar italiano porque entonces (tener) .... un novio italiano.
13. Mi prima se trasladó a Inglaterra porque (querer) .... trabajar en el extranjero.
14. No pude quedarme para charlar porque (tener) .... que ir al dentista.
15. Ayer conocí a una chica que (ser) .... majísima y muy interesante.
16. Hace unos días llegué tarde al trabajo porque mi coche (estar) .... averiado.
17. La semana pasada el director anunció que la empresa (tener) .... que despedir a más de cincuenta empleados.
18. No pudimos ir a la boda porque uno de los niños (estar) .... enfermo.
19. Ayer fui al médico porque me (doler) .... mucho la garganta.
20. Mi mejor amiga suspendió el examen de historia porque no (saber) .... nada de la conquista de Latinoamérica.

 © VERITAS-Verlag, Linz. DURCHSTARTEN – SPANISCH GRAMMATIK ÜBUNGSBUCH. Alle Rechte vorbehalten

17. KAPITEL: Gebrauch der Vergangenheitszeiten

Beachte folgende Unterschiede im Gebrauch von *pretérito perfecto, indefinido* und *imperfecto*:

- ***Pretérito perfecto***: Die Handlung ist zwar vergangen, wird aber in starkem Bezug zur Gegenwart gesehen (zB in Zusammenhang mit Ausdrücken wie *hoy, esta semana, ya, nunca, todavía no* ...)
- ***Pretérito indefinido***: Drückt Aktionen in der Vergangenheit aus – sowohl die Handlung als auch der Zeitraum, in dem sie sich abspielt, wird als abgeschlossen betrachtet (zB in Zusammenhang mit *ayer, la semana pasada, hace un año* ...). Frage: **Was geschah?**
- ***Pretérito imperfecto***: Drückt die Umstände aus, unter denen sich eine Aktion abgespielt hat, Gewohnheiten oder Zustände / Beschreibungen in der Vergangenheit und Handlungen, die nicht zum Abschluss gelangen konnten, also unterbrochen wurden. Frage: **Was war?**

113 Setze *indefinido* oder *perfecto* ein:

1. ¿Ya (ver, tú) .... la nueva película de Steven Spielberg?
2. No (comer, nosotros) .... nunca en un restaurante japonés.
3. Hace tres años (estar, yo) .... en Japón.
4. Pablo me (decir) .... que va a llegar un poco tarde.
5. Lo siento, pero (olvidar, yo) .... mis libros y mi carpeta.
6. El fin de semana (hacer, nosotros) .... una excursión muy bonita al campo.
7. ¿Ya (visitar, vosotros) .... la exposición en el Museo del Prado? – Sí, la (ver, nosotros) .... el domingo.
8. ¿Ya (tomar, tú) .... café? – No, todavía no (desayunar, yo) .... ¿Vamos a un bar para tomar algo?
9. Me parece que (perder, yo) .... mis llaves de casa; no las encuentro en ningún sitio.
10. El año pasado un ladrón me (robar) .... el bolso en el Rastro. Desde entonces presto mucha atención cuando voy allí.
11. Ayer (ir, nosotros) .... al teatro. – ¿Y qué tal? ¿Os (gustar) .... la obra?
12. ¿Qué tal tu comida, Ana? – (Estar) .... muy rica, sobre todo las gambas me (gustar) .... muchísimo.
13. Nuestro coche ya no es nuevo. Lo (comprar, nosotros) .... en 1999.
14. En la clase de ayer los profesores nos (explicar) .... el uso de los tiempos del pasado. Creo que ya (entender, yo) .... todo.
15. ¿Tus padres (volver) .... ya de las vacaciones? – Sí, (volver, ellos .... anteayer. (Estar, ellos) .... en México y me (traer) .... un sombrero típico de allí. Es muy gracioso.
16. Chicos, ¿ya (probar) .... la tarta?
17. Siento mucho llegar tarde, es que (perder) .... el tren.
18. ¡Qué mala suerte! Ayer (dormirse, yo) .... y (perder) .... el tren. Claro que (llegar) .... tarde a clase.
19. (Estudiar, nosotros) .... mucho para el examen de hoy. Creo que vamos a sacar buenas notas.
20. Ayer (tener, yo) .... un examen bastante difícil.
21. Señora, ¿ya (terminar) ....? ¿Desea algo más? – Sí, tráigame un café solo, por favor.

© VERITAS-Verlag, Linz. DURCHSTARTEN – SPANISCH GRAMMATIK ÜBUNGSBUCH. Alle Rechte vorbehalten

114 Setze *indefinido* oder *imperfecto* ein:

1. En 1492 Cristóbal Colón, quien (ser) ...fue... un navegante genovés muy ambicioso, (descubrir) .... un Nuevo Mundo. Él todavía (pensar) .... que (tratarse) .... de la India, pero después de algún tiempo los científicos (darse cuenta) .... de que este continente (ser) .... todavía desconocido y lo (llamar) .... "América".
2. En las vacaciones (ir, nosotros) .... a Mallorca. Cuando (llegar, nosotros) ...., (llover) .... un poco pero después (hacer) .... sol y calor todo el tiempo. Nuestro hotel (disponer) .... de todas las comodidades, (ser) .... realmente muy bonito.
3. Ayer, mientras (hacer, yo) .... compras en el Rastro, alguien me (robar) .... la cartera. Dentro (llevar) .... un poco de dinero y mi tarjeta de crédito.
4. En el año 2000 Paco (conocer) ...conoco... a su novia que entonces (trabajar) ...trabajaba... de azafata en Iberia.
5. El pobre chico (romperse) .... la pierna cuando (esquiar) .... con sus primos. (Tener, ellos) .... que llamar la ambulancia que enseguida lo (recoger) .... en helicóptero.
6. No (poder, yo) .... ir a la fiesta porque (sentirse, yo) .... realmente muy mal y (tener, yo) .... incluso un poco de fiebre.
7. El profesor les (entregar) .... las hojas a los alumnos, que (estar) .... un poco nerviosos y enseguida (ponerse) .... a trabajar.
8. Ayer, cuando (volver, él) .... a casa, mi primo (tener) .... un accidente de tráfico. No (ser) .... culpable, porque otro conductor (saltarse) .... un semáforo en rojo.
9. Nosotros (salir) .... pronto de la discoteca, porque (haber) .... muchísima gente y las bebidas (ser) .... carísimas.
10. (Ser) .... las ocho ya, cuando por fin (terminar, nosotros) .... con el trabajo.
11. El bar, en el que (comer, yo) .... ayer con mis compañeros de trabajo, (tener) .... un menú barato y buenísimo.
12. Mi hermano sólo (empezar) .... a estudiar español porque (querer) .... trabajar en México.
13. En julio Ana (enamorarse) .... de un joven alemán quien (hacer) .... un curso de español en Granada. El chico, que (ser) .... alto, delgado y rubio, (regresar) .... a su país, pero (decir) .... que (querer) .... volver a España muy pronto.
14. Paloma (caerse) .... en la calle porque (llevar) .... zapatos de tacón y el suelo (estar) .... mojado. Menos mal que no (hacerse) .... daño.
15. (Tener, yo) .... dos años cuando (morirse) .... mi bisabuela.
16. Todavía (dormir, nosotros) .... cuando nos (llamar) .... mi tía.
17. Ayer, como (hacer) .... muy buen tiempo, (jugar, yo) .... un partido de tenis con mi hermano.

 © VERITAS-Verlag, Linz. DURCHSTARTEN – SPANISCH GRAMMATIK ÜBUNGSBUCH. Alle Rechte vorbehalten

18. Hace unos días (saber, nosotros) .... que María (estar) .... enferma.
19. Como Carlos y Pedro (tener) .... muchísima hambre, (pedir, ellos) .... el menú del día, pero (resultar) .... que no les (gustar) ....
20. El camarero nos (indicar) .... una mesa que (estar) .... en la zona de fumadores; como no (haber) .... mesa libre en la zona de no-fumadores, (decidir, nosotros) .... ir a otro restaurante.
21. No (poder, nosotros) .... llegar a Machu Picchu porque el tren a Aguas Calientes (estar) .... averiado y no (haber) .... otra posibilidad de hacer el viaje.
22. Mientras yo (charlar) .... con una amiga en una cafetería, de repente (oír, nosotros) .... un ruido tremendo en la calle. (Darse, nosotros) .... cuenta de que un taxi había atropellado una bicicleta.
23. Mi abuelo (ser) .... un hombre muy deportivo; cuando (tener) .... 70 años, (hacer) .... un viaje a Nepal y (subir) .... al Monte Everest.
24. El domingo (levantarse, yo) .... bastante tarde; como (llover) .... mucho, (quedarse, yo) .... en casa hasta mediodía.
25. Mientras (esperar, nosotros) .... el autobús, un chico nos (preguntar) .... por el camino al centro.
26. El mes pasado (recibir, yo) .... un montón de e-mails que me (anunciar) .... que (ir, yo) .... a tener mucha suerte.
27. Ayer (ponerse, yo) .... el abrigo de invierno porque (hacer) .... tanto frío.
28. Anoche no (poder, nosotros) .... dormir, porque los vecinos (hacer) .... mucho ruido.
29. Picasso ya (ser) .... un pintor famoso cuando (pintar) .... su obra maestra, "Guernica". (Querer) .... exponer su cuadro en España, pero no (ser) .... posible por la dictadura.
30. Hace unos días (tener, yo) .... que ir al dentista porque me (doler) .... mucho las muelas.
31. En el año 1998 Nuria y Pedro (casarse) .... Un año después (tener, ellos) .... su primer hijo. Los dos realmente (ser) .... muy felices hasta que de pronto el niño (ponerse) .... enfermo. (Tardar) .... casi un año en recuperarse.
32. (Terminar, yo) .... mi carrera en 1999 e inmediatamente después (empezar, yo) .... a trabajar en una empresa que (dedicarse) .... a la fabricación y venta de ropa exclusiva. Después de medio año el jefe me (enviar) .... a Madrid donde (tener, ellos) .... una sucursal. Allí (trabajar, yo) .... hasta el año 2002, pero como ya no me (gustar) .... mucho el trabajo, (decidir, yo) .... buscarme otra cosa más interesante.
33. El famoso actor español Antonio Banderas (nacer) .... en el año 1960 en Málaga. De niño (soñar) .... todavía con ser futbolista, pero (romperse) .... el pie y (dejar) .... pronto este sueño. Antonio Banderas (actuar) .... en varias películas del director Pedro Almodóvar. Uno de sus mayores éxitos (tener) .... en 1998 con la película "En la máscara del Zorro".

© VERITAS-Verlag, Linz. DURCHSTARTEN – SPANISCH GRAMMATIK ÜBUNGSBUCH. Alle Rechte vorbehalten

115 Setze folgende Sätze in die Vergangenheit und achte dabei auf die unterschiedliche Verwendung von *imperfecto* und *indefinido*:

Modelo: *Hoy limpio la casa porque está ya bastante sucia* ▶ *Ayer limpié la casa porque ya estaba bastante sucia.*

1. Hoy no tomo alcohol porque me siento bastante mal. ▶

   ....

2. Esta noche salgo con unos amigos que quieren enseñarme una nueva discoteca. ▶

   Anoche ....

3. Durante nuestra excursión de hoy, como mi amigo tiene mucha sed, bebe el agua del río. ▶

   ....

4. Esta semana nos preparamos bien para el examen porque queremos sacar buenas notas. ▶

   ....

5. Esta tarde juego con mis amigos un videojuego que es muy divertido. ▶

   ....

6. Hoy me levanto muy tarde porque llueve tanto. ▶

   ....

116 Unterstreiche in folgendem Märchen die richtig verwendete Form:

La princesa y el guisante:

(1.) **Había / hubo** una vez un príncipe que (2.) **quería / quiso** casarse con una princesa, pero (3.) **deseaba / deseó** para sí una princesa de verdad. Así que un día (4.) **decidía / decidió** hacer un viaje por todo el mundo para encontrar una. Pero siempre (5.) **había / hubo** algún problema: princesas (6.) **había / hubo** muchas, pero con cada una alguna cosa no (7.) **estaba / estuvo** del todo bien. El príncipe (8.) **volvía / volvió** a su casa preocupado, porque de veras (9.) **tenía / tuvo** ganas de encontrar una auténtica princesa. Una noche, mientras (10.) **hacía / hizo** un tiempo espantoso y (11.) **llovía / llovió** a cántaros, de pronto (12.) **llamaban / llamaron** a la puerta y el viejo rey (13.) **iba / fue** a abrir. Allí fuera (14.) **había / hubo** una princesa que (15.) **tenía / tuvo** un aspecto deplorable, tan mojada (16.) **estaba / estuvo** la pobre. Pero le (17.) **decía / dijo** al rey que (18.) **era / fue** una princesa de verdad.

"Bueno, ahora veremos", (19.) **pensaba / pensó** la anciana reina, pero no (20.) **comentaba / comentó** nada. La reina (21.) **entraba / entró** en el dormitorio, (22.) **quitaba / quitó** toda la ropa de la cama y (23.) **ponía / puso** un guisante debajo de los veinte colchones y edredones[1] de plumas. Después (24.) **volvía / volvió** a hacer la cama, (25.) **llamaba / llamó** a la princesa y le (26.) deseaba / deseó una buena noche.

Por la mañana el rey y la reina le (27.) **preguntaban / preguntaron** a la princesa qué tal había dormido. "¡Oh, terriblemente mal!", (28.) **decía / dijo** la princesa. "Casi no (29.) **podía / he podido** pegar ojo en toda la noche. Debajo de la cama (30.) **había / hubo** algo duro y ahora me duele todo el cuerpo."

Así el príncipe y sus padres (31.) **podían / pudieron** comprobar que (32.) **se trataba / se trató** de una princesa de verdad porque no (33.) **podía / pudo** haber nadie tan sensible, a no ser una auténtica princesa. El príncipe (34.) **se casaba / se casó** con ella, porque ahora (35.) **sabía / supo** que había encontrado una princesa de verdad, y el guisante lo (36.) **ponían / pusieron** en el museo del palacio. Y allí sigue para que lo vean, si no se lo (37.) **ha llevado / llevó** nadie.

1 Daunendecke

 © VERITAS-Verlag, Linz. DURCHSTARTEN – SPANISCH GRAMMATIK ÜBUNGSBUCH. Alle Rechte vorbehalten

18. KAPITEL: *Pretérito pluscuamperfecto*

Durch das Plusquamperfekt (die Vorvergangenheit) werden im Spanischen wie im Deutschen Ereignisse ausgedrückt, die bereits vorbei waren, als etwas anderes begann. Die **Bildung** erfolgt mit Hilfe des ***imperfecto*** des **Hilfszeitwortes *haber* + Partizip Perfekt** des jeweiligen Verbs:

Person	*Imperfecto* von *haber*	Partizip
yo	***había***	
tú	***habías***	***ayudado***
él / ella / usted	***había***	***comido***
nosotros, -as	***habíamos***	***dormido***
vosotros, -as	***habíais***	
ellos / ellas / ustedes	***habían***	

Había ayudado heißt also „ich hatte geholfen", *habíamos salido* „wir waren weggegangen".
Wie im Perfekt so gibt es auch im Plusquamperfekt **keinen Unterschied zwischen „sein" und „haben".**

- **Verwendung**
  Das Plusquamperfekt wird gebraucht, um Handlungen und Ereignisse auszudrücken, die **zeitlich noch vor anderen Ereignissen in der Vergangenheit abgeschlossen** waren bzw. um Ereignisse in der Vergangenheit zu erklären, indem man ihre weiter zurückliegenden **Ursachen** angibt:
  Cuando llegamos, los otros ya habían salido. Als wir kamen, waren die anderen bereits gegangen.

117 Bilde das *pluscuamperfecto* zu folgenden Verbformen:

1. entiendo ▶ ....
2. dicen ▶ ....
3. te acuestas ▶ ....
4. volvemos ▶ ....
5. haces ▶ ....
6. escribe ▶ ....
7. vengo ▶ ....
8. traemos ▶ ....
9. leéis ▶ ....
10. tienes ▶ ....
11. salgo ▶ ....
12. son ▶ ....
13. estáis ▶ ....
14. abrimos ▶ ....
15. conozco ▶ ....
16. ponen ▶ ....
17. damos ▶ ....
18. ven ▶ ....
19. vendemos ▶ ....
20. puedo ▶ ....

118 Setze die Verben im *pluscuamperfecto* ein:

1. Cuando los estudiantes llegaron a la estación, el tren para Toledo ya (salir) ....
2. Carlos me (decir) .... que no iba a venir.
3. Mi amiga estudiaba alemán porque (enamorarse) .... de un chico austríaco.
4. Llegamos tarde porque (tener, nosotros) .... un accidente.
5. Cuando entramos en el teatro, la obra ya (empezar) .... y tuvimos que esperar hasta el descanso.
6. Mis compañeros ya (terminar) .... con el trabajo, cuando vino el inspector.
7. (Escribir, yo) .... ya el correo electrónico cuando me di cuenta del error.
8. Después de que (estudiar, nosotros) .... tanto, lo celebramos un poco en un bar.
9. Carlos no pudo acompañarnos porque (romperse) .... la pierna y no podía andar.

© VERITAS-Verlag, Linz. DURCHSTARTEN – SPANISCH GRAMMATIK ÜBUNGSBUCH. Alle Rechte vorbehalten

10. Después de que (hacer, nosotros) .... la excursión a la selva, volvimos en avión a Lima.
11. Después de que (comer, yo) .... en un buen restaurante, fui a visitar el museo.
12. (Quedar, yo) .... con unos amigos, pero no vinieron.
13. Antes de su carrera universitaria mi novio (trabajar) .... en una empresa alemana.
14. Ya (ver, yo) .... esta película varias veces en alemán antes de que la mirara en castellano.
15. El viaje era muy peligroso porque la noche anterior (nevar) .... muchísmo.

119 Entscheide jetzt zwischen *indefinido* und *pluscuamperfecto*:

1. No me (interesar) .... mucho la película porque ya la (ver, yo) .... antes.
2. Cuando la madre (entrar) .... en el salón, los niños (comerse) .... toda la tarta.
3. Carlos le (tener) .... tanto miedo a aquel perro porque de niño le (morder) .... un pastor alemán.
4. Después de que (buscar, ellos) .... varias horas al gato, por fin lo (encontrar) .... en un árbol.
5. Los jóvenes (estar) .... muy cansados ya que (jugar) .... más de tres horas al fútbol.
6. Miguel no (conducir) .... sino (volver) .... en taxi porque (tomar) .... unas copas.
7. Después de que el profesor se lo (explicar) .... varias veces a los alumnos, todos (entender) .... la gramática.
8. Mi primo (irse) .... a Barcelona porque en Alicante no (encontrar) .... trabajo en su sector.
9. Después de que ya (acostarse, yo) ...., alguien (llamar) .... a la puerta.
10. El chico (llegar) .... tarde a la excursión porque no (oír) .... el despertador.
11. Después de que (levantarse, yo) ...., (sentir, yo) .... un fuerte dolor de cabeza y (volver, yo) .... a acostarme.
12. Mi vida (cambiar) .... totalmente, después de que (conocer) .... a este hombre.
13. No (poder, yo) .... pagar la cuenta en el restaurante porque (olvidar, yo) .... el dinero en casa.
14. Después de que Javier (trabajar) .... durante más de un año en este sector, (decidir) .... de pronto hacer otra cosa.
15. Rafael y Nuria (casarse) .... después de que (nacer) .... su segundo hijo.
16. Cuando (llegar, yo) .... al restaurante, los amigos ya (comer) ....
17. De pronto (darse, yo) .... cuenta de que alguien me (robar) .... el monedero.

 © VERITAS-Verlag, Linz. DURCHSTARTEN – SPANISCH GRAMMATIK ÜBUNGSBUCH. Alle Rechte vorbehalten

19. KAPITEL: Präsens des Subjuntivo

1. Regelmäßige Verben bilden das Präsens des Subjuntivo durch einen Tausch der für jede Verbgruppe charakteristischen Endvokale: Die Verben auf ***-ar*** bekommen den Vokal ***-e***, jene auf ***-er*** und ***-ir*** den Vokal ***-a***. Ausgangspunkt für die Bildung ist immer die **1. Person Einzahl** des Indikativ Präsens, an deren Stamm die entsprechenden Endungen angehängt werden:

Infinitivo	*ayudar*	*beber*	*abrir*
(yo)	*ayud**e***	*beb**a***	*abr**a***
(tú)	*ayud**es***	*beb**as***	*abr**as***
(él, ella, usted)	*ayud**e***	*beb**a***	*abr**a***
(nosotros, -as)	*ayud**emos***	*beb**amos***	*abr**amos***
(vosotros, -as)	*ayud**éis***	*beb**áis***	*abr**áis***
(ellos, ellas, ustedes)	*ayud**en***	*beb**an***	*abr**an***

2. Verben mit Änderung des Stammvokals:

- **Verben auf *-ar* und *-er***

e* ▸ *ie: *pensar*	→	*p**ie**ns**e**, p**ie**ns**es**, p**ie**ns**e**, pens**emos**, pens**éis**, p**ie**ns**en***
e* ▸ *e: *entender*	→	*ent**ie**nd**a**, ent**ie**nd**as**, ent**ie**nd**a**, entend**amos**, entend**áis**, ent**ie**nd**an***
o* ▸ *ue: *probar*	→	*pr**ue**b**e**, pr**ue**b**es**, pr**ue**b**e**, prob**emos**, prob**éis**, pr**ue**b**en***
o* ▸ *ue: *poder*	→	*p**ue**d**a**, p**ue**d**as**, p**ue**d**a**, pod**amos**, pod**áis**, p**ue**d**an***
u* ▸ *ue: *jugar*	→	*j**ue**gu**e**, j**ue**gu**es**, j**ue**gu**e**, jugu**emos**, jugu**éis**, j**ue**gu**en***

- **Verben auf *-ir***

e* ▸ *ie: *sentir*	→	*s**ie**nt**a**, s**ie**nt**as**, s**ie**nt**a**, s**i**nt**amos**, s**i**nt**áis**, s**ie**nt**an***
o* ▸ *ue: *dormir*	→	*d**ue**rm**a**, d**ue**rm**as**, d**ue**rm**a**, d**u**rm**amos**, d**u**rm**áis**, d**ue**rm**an***
e* ▸ *i: *pedir*	→	*p**i**d**a**, p**i**d**as**, p**i**d**a**, p**i**d**amos**, p**i**d**áis**, p**i**d**an***

3. Verben mit orthografischen Änderungen:

- **Verben auf *-car, -gar/-guar, -ger, -gir, -guir, -cer***

-car	*bus**c**ar*	*bus**qu**e, bus**qu**es …*	*c* → ***qu* vor *e***
-gar	*lle**g**ar*	*lle**gu**e, lle**gu**es …*	*g* → ***gu* vor *e***
-guar	*averi**gu**ar*	*averi**gü**e, averi**gü**es …*	*gu* → ***gü* vor *e***
-ger	*co**g**er*	*co**j**a, co**j**as …*	*g* → ***j* vor *a***
-gir	*diri**g**ir*	*diri**j**a, diri**j**as …*	*g* → ***j* vor *a***
-guir	*distin**gu**ir*	*distin**g**a, distin**g**as …*	*gu* → ***g* vor *a***
-cer	*ven**c**er*	*ven**z**a, ven**z**as …*	*c* → ***z* vor *a***

- **Verben auf *-cer, -ducir, -zar***

-cer	*cono**c**er*	*cono**zc**a, cono**zc**as …*	*c* → ***zc* vor *a***
-ducir	*tradu**c**ir*	*tradu**zc**a, tradu**zc**as …*	*c* → ***zc* vor *a***
-zar	*almor**z**ar*	*almuer**c**e, almuer**c**es …*	*z* → ***c* vor *e***

4. Verben mit einer unregelmäßigen 1. Person:

*hacer (**hago**)*	→	*haga, hagas …*	*poner (**pongo**)*	→	*ponga, pongas …*
*tener (**tengo**)*	→	*tenga, tengas …*	*traer (**traigo**)*	→	*traiga, traigas …*
*salir (**salgo**)*	→	*salga, salgas …*	*venir (**vengo**)*	→	*venga, vengas …*
*caer (**caigo**)*	→	*caiga, caigas …*	*valer (**valgo**)*	→	*valga, valgas …*
*decir (**digo**)*	→	*diga, digas …*	*construir (**construyo**)*	→	*construya, construyas …*
*oír (**oigo**)*	→	*oiga, oigas …*	*ver (**veo**)*	→	*vea, veas …*

5. Unregelmäßige Verben:

dar	*estar*	*haber* (Hilfsverb)	*ir*	*saber*	*ser*	*caber*
dé	*esté*	*haya*	*vaya*	*sepa*	*sea*	*quepa*
des	*estés*	*hayas*	*vayas*	*sepas*	*seas*	*quepas*
dé	*esté*	*haya*	*vaya*	*sepa*	*sea*	*quepa*
demos	*estemos*	*hayamos*	*vayamos*	*sepamos*	*seamos*	*quepamos*
deis	*estéis*	*hayáis*	*vayáis*	*sepáis*	*seáis*	*quepáis*
den	*estén*	*hayan*	*vayan*	*sepan*	*sean*	*quepan*

© VERITAS-Verlag, Linz. DURCHSTARTEN – SPANISCH GRAMMATIK ÜBUNGSBUCH. Alle Rechte vorbehalten

120 **Konjugiere die folgenden regelmäßigen Verben im Subjuntivo. Achte dabei darauf, dass die Endungen der 1. und 3. Person Einzahl gleich sind!**

	Einzahl			Mehrzahl		
Infinitiv	1. Person	2. Person	3. Person	1. Person	2. Person	3. Person
1. trabajar						
2. comer						
3. vivir						
4. escribir						
5. vender						
6. preguntar						
7. escuchar						
8. leer						
9. decidir						
10. pensar						

121 **Bilde von den folgenden Indikativformen die entsprechenden Subjuntivoformen:**

1. pongo ....
2. recibís ....
3. viaja ....
4. distinguimos ....
5. adquiero ....
6. cabes ....
7. conducen ....
8. contáis ....
9. continúas ....
10. olemos ....
11. pedís ....
12. pones ....
13. queremos ....
14. reís ....
15. duermen ....
16. dice ....
17. entendemos ....
18. estoy ....
19. hace ....
20. incluís ....
21. vamos ....
22. juegan ....
23. oye ....
24. piensas ....
25. puedo ....
26. sé ....
27. salen ....
28. tenemos ....
29. traes ....
30. viene ....
31. ve ....
32. volvemos ....
33. sentís ....
34. vales ....
35. conoce ....
36. doy ....

122 **Streiche die falschen Subjuntivoformen, stelle sie richtig und füge die entsprechende Form im Indikativ sowie die Nennform in der Tabelle auf Seite 65 hinzu:**

1. ~~salamos~~, 2. pensemos, 3. escriba, 4. tenas, 5. explices, 6. sintáis, 7. vengan, 9. volva, 10. descubramos, 11. duermas, 12. juguéis, 13. pedas, 14. puedan, 15. hacamos, 16. entendan, 17. pongamos, 18. ría, 19. rogue, 20. conducas, 21. encuentre, 22. dormamos, 23. cerréis, 24. contes, 25. cojáis, 26. queran, 27. se diverta, 28. muevamos, 29. olamos, 30. buscemos, 31. adquira, 32. cabas, 33. reduzcan, 34. habamos, 35. sean, 36. hable, 37. prefera, 38. aparecáis, 39. confeses, 40. correga, 41. vengamos, 42. traiga, 43. incluia, 44. prohibamos, 45. encontres, 46. hacáis, 47. vuelvan, 48. lleges, 49. almorcen, 50. empiecen, 51. dirijáis, 52. vencáis, 53. tome, 54. averigues, 55. bebamos.

 © VERITAS-Verlag, Linz. DURCHSTARTEN – SPANISCH GRAMMATIK ÜBUNGSBUCH. Alle Rechte vorbehalten

Subjuntivo	Indikativ	Nennform
1. *salgamos*	*salimos*	*salir*

123 Wie soll dein/e ideale/r Partner/in sein? Was ist für dich von Bedeutung? Bilde Sätze wie im Beispiel:

Modelo: *tener buen aspecto físico* ▶ *Es importante que tenga buen aspecto físico.*

1. llegar puntual a las citas concertadas, 2. tener mucho sentido del humor, 3. salir conmigo los fines de semana, 4. hacer viajes exóticos, 5. invitarme a cenar una vez a la semana, 6. ir siempre bien vestido/a, 7. ser muy cariñoso/a, 8. no fumar ni beber alcohol, 9. no mentir nunca, 10. ganar mucho dinero, 11. encantarle las películas españolas, 12. practicar algún deporte, 13. sonreír siempre, 14. leer tantos libros como yo, 15. preferir ir más al cine que a la ópera, 16. conocer a mucha gente, 17. hablar por lo menos tres lenguas, 18. bailar bien, 19. pagar las cuentas en los restaurantes, 20. probar mi cocina, 21. estar en un partido de izquierdas, 22. tocar el piano, 23. dedicarse a la música jazz, 24. interesarse por la política, 25. saber conducir, 26. no gastar demasiado dinero, 27. cocinar bien toda clase de platos, 28. admirar a personas inteligentes, 29. parecer actor/actriz famoso/a, 30. no roncar, 31. tolerar mis manías, 32. cumplir todos mis deseos, 33. envejecer a mi lado.

© VERITAS-Verlag, Linz. DURCHSTARTEN – SPANISCH GRAMMATIK ÜBUNGSBUCH. Alle Rechte vorbehalten

20. KAPITEL: Verwendung des Subjuntivo Präsens

1. Subjuntivo nach Ausdrücken der Willensäußerung (Wunsch, Befehl, Vorschlag, Verbot etc.)

Te pido que me ***ayudes****.* Ich bitte dich, dass du mir hilfst.

aconsejar	jm. raten	*permitir*	erlauben
desear	wünschen	*preferir*	vorziehen
esperar	hoffen	*prohibir*	verbieten
exigir	fordern	*proponer*	vorschlagen
pedir	bitten	*recomendar*	empfehlen

2. Subjuntivo nach Ausdrücken der Gefühlsäußerung

Me molesta que ***fumes*** *en mi casa.* Es stört mich, dass du in meinem Haus rauchst.

encantar	begeistern	*lamentar*	bedauern
enfadar	ärgern	*preocupar*	beunruhigen
extrañar	befremden	*sentir*	leidtun
gustar	gefallen	*soportar*	ertragen
interesar	interessieren	*sorprender*	überraschen

3. Subjuntivo nach Ausdrücken der Unsicherheit und des Zweifelns

Temo que no ***sepa*** *tocar el violín.* Ich fürchte, dass er nicht Geige spielen kann.

desconfiar	bezweifeln, misstrauen	*dudar*	zweifeln

4. Subjuntivo nach verneinten Ausdrücken der Meinungsäußerung

No creo que mañana ***haga*** *buen tiempo.* Ich glaube nicht, dass es morgen schön ist.

no me parece	ich glaube nicht	*no es seguro*	es ist nicht sicher
no opino	ich meine nicht	*no es verdad*	es ist nicht wahr
no es cierto	es stimmt nicht	*no está demostrado*	es ist nicht bewiesen
no es evidente	es ist nicht offensichtlich	*no estoy seguro/-a*	ich bin nicht sicher

Ebenso: *creer, suponer, sospechar, imaginar, ver, oír, darse cuenta, contar* etc.
Achtung: Sind die erwähnten Verben und Ausdrücke bejaht, verlangen sie den Indikativ!

5. Subjuntivo nach unpersönlichen Ausdrücken

Es mejor que le ***digas*** *la verdad.* Es ist besser, dass du ihm die Wahrheit sagst.

es (im)posible	es ist (un)möglich	*es obligatorio*	es ist verpflichtend
es (im)probable	es ist (un)wahrscheinlich	*es peligroso*	es ist gefährlich
es difícil / fácil	es ist schwierig / leicht	*es raro*	es ist seltsam
es imprescindible	es ist unumgänglich, unerlässlich	*es triste*	es ist traurig
es lógico	es ist logisch	*es una pena*	es ist schade
es mejor / peor	es ist besser / schlechter	*es increíble*	es ist unglaublich
es normal	es ist normal	*me parece bien/mal*	ich finde es gut / schlecht

6. Subjuntivo nach bestimmten Konjunktionen

Te lo digo para que lo ***sepas****.* Ich sage es dir, damit du es weißt.

a fin de que	damit	*de ahí que*	so dass
a no ser de que	es sei denn, dass	*en caso de que*	falls
antes de que	bevor	*siempre que*	vorausgesetzt, dass
con tal (de) que	vorausgesetzt, dass	*sin que*	ohne dass

7. Subjuntivo oder Indikativ nach bestimmten Konjunktionen

Konjunktion	Subjuntivo	Indikativ
aunque	selbst wenn / auch wenn	obwohl
cuando	wenn / sobald	(immer) wenn
mientras	solange / vorausgesetzt, dass	während

© VERITAS-Verlag, Linz. DURCHSTARTEN – SPANISCH GRAMMATIK ÜBUNGSBUCH. Alle Rechte vorbehalten

8. Subjuntivo im Relativsatz

Der Subjuntivo steht im Relativsatz, wenn mit diesem eine Bedingung, ein Wunsch oder eine Forderung zum Ausdruck gebracht werden soll oder dessen Subjekt oder Objekt unbekannt ist:
Buscan a un músico que ***sepa*** *tocar el violín.* Sie suchen einen Musiker, der Geige spielen kann.
Haz lo que ***quieras****.* Mach das, was du willst.

9. Subjuntivo im Hauptsatz und unabhängigen Satz

Ojalá (= hoffentlich), ***acaso*** (= vielleicht), ***quizá(s)*** (= vielleicht), ***tal vez*** (= vielleicht), ***probablemente*** (= wahrscheinlich) und ***que*** (= auf dass) leiten Sätze ein, die Wunsch, Vermutung und Wahrscheinlichkeit ausdrücken:
¡Que ***te diviertas*** *mucho!* Gute Unterhaltung! *¡Ojalá no* ***llueva****!* Hoffentlich regnet es nicht!
Achtung: Mit ***a lo mejor*** (= vielleicht, möglicherweise) eingeleitete Sätze stehen immer im Indikativ!

124 Ergänze die fehlenden Formen im Subjuntivo Präsens:

1. Quiero que (venir, tú) .... esta tarde.
2. Os aconsejo que (estudiar, vosotros) ....
3. Te prohíbo que (salir, tú) .... con este chico.
4. No me permiten que (ver) .... esta película de horror.
5. Me molesta que (chillar, ellos) ....
6. Tengo ganas de que (acabar) .... este año escolar.
7. Es normal que no (tener, él) .... dinero, es que gasta mucho.
8. Parece justo que nos (pagar, ellos) .... horas extras.
9. Es muy probable que (llover) .... esta tarde.
10. Es posible que te (devolver, yo) .... tu libro esta semana.
11. Espero que (llegar, él) .... a tiempo.
12. Nos parece bien que (ayudar, ella) .... a su madre.
13. Su jefe exige que (trabajar, ellos) .... también los fines de semana.
14. Os recomiendo que (escuchar, vosotros) .... esta canción.
15. Me encanta que mis amigas (venir) .... conmigo de compras.
16. Nos sorprende que a esa hora sus hijos no (estar) .... en cama.
17. Es necesario que su arquitecto le (construir) .... una casa nueva.
18. Es normal que los sindicatos (organizar) .... unas manifestaciones.
19. Papá, necesito que me (ayudar, tú) .... con mis tareas.
20. Voy a buscar a tu hermano a fin de que (hablar, tú) .... con él.
21. Queridos abuelos, quiero que (conocer, vosotros) .... a mi novio nuevo.
22. Nos prohíben que (preparar, nosotros) .... café en clase.
23. Tengo mucho frío. Te pido que (cerrar, tú) .... la ventana.
24. El médico me ha aconsejado que (practicar, yo) .... más deporte.
25. Te digo la noticia para que (saber, tú) .... lo que pasa.
26. Nos han propuesto que (ir, nosotros) .... con ellos al campo.
27. Es mejor que no lo (hacer, tú) .... con su ordenador. Se va a enfadar.
28. Trabajamos mucho para que (poder, nosotros) .... ir de vacaciones.
29. Deseo que mis alumnos lo (pasar) .... bien en Madrid.
30. Les ruego que me (mandar, ustedes) .... un catálogo ilustrado.
31. Nos alegramos de que (estar, vosotros) .... bien.
32. No soporta que (pasar, él) .... las vacaciones sin ella.
33. Siento mucho que no (poder, yo) .... participar en el concurso.

© VERITAS-Verlag, Linz. DURCHSTARTEN – SPANISCH GRAMMATIK ÜBUNGSBUCH. Alle Rechte vorbehalten

34. No me gusta que mi profesor de baile me (corregir) .... siempre.
35. A fin de que mañana no (suspender, vosotros) .... el examen, tenéis que repasar la gramática.
36. Espero que este verano (hacer) .... mucho sol.
37. Desconfío que (aprobar, él) .... los exámenes finales. Es un chico muy vago.
38. Me extraña que (hablar, ellos) .... con él.
39. Espera que su trabajo (tener) .... éxito.
40. Lamentamos que no (poder, usted) .... participar en la reunión.
41. Mi mujer quiere que (descansar, yo) .... más.
42. Es necesario que me (dar, usted) .... su número de teléfono.
43. Prefiero que te (poner, tú) .... un sombrero. El sol pega mucho.
44. Me molesta que mi jefe (gritar) .... de esa manera.
45. Es mejor que (contestar, usted) .... ahora mismo.
46. Nuestro profesor nos aconseja que (hablar, nosotros) .... sólo en español.
47. A sus padres les encanta que (escribir, ella) .... tanto.
48. Dudo que (saber, él) .... toda la verdad.
49. Es una pena que le (ir) .... a usted tan mal el asunto.
50. Es posible que mis padres me (comprar) .... un móvil nuevo.
51. Es horrible que hoy en día (haber) .... tantas guerras.
52. A los jefes de la empresa les preocupa que sus obreros (estar) .... de huelga.
53. Chicos, es muy importante que (aprender, vosotros) .... el subjuntivo.
54. ¿A tu novia también le gusta que (traer, tú) .... el desayuno a la cama?
55. Esperamos que la suegra no (quedarse) .... más de dos días.
56. El padre no quiere que su hijo (coger) .... el coche.
57. Me parece fatal que los políticos no (tomar) .... medidas contra el paro.
58. Es necesario que todos (participar, nosotros) .... en la construcción de un mundo mejor.
59. Es triste que todavía (morir) .... muchos niños de hambre.
60. Es imposible que tus problemas (solucionarse) .... solos.
61. Esperamos que (mejorar) .... nuestras condiciones de trabajo.
62. Nos sorprende que su mujer no (vivir) .... con él.
63. Para solucionar el problema del tráfico es imprescindible que (utilizar, nosotros) .... más el transporte público.
64. Es importante que (hacer, vosotros) .... los deberes todos los días.
65. Es muy peligroso que este señor (conducir) .... el coche, acaba de beber seis cervezas.
66. Lamento que (encontrarse, tú) .... en esta situación.
67. Chicas, venid aquí para que la abuela os (ver) .... mejor.
68. Prefiero que mis hijos (jugar) .... en el jardín para que no (mirar, ellos) .... solamente la tele.
69. Os pido que me (dar, vosotros) .... más información.
70. Oye, tienes que limpiar la sala de estar antes de que (volver) .... tus padres.
71. Te dejo mi cámara digital siempre que no la (romper, tú) ....
72. En caso de que (ir, ellos) .... a Barcelona, voy con ellos.
73. Es una pena que (estar) .... lloviendo, así no podemos jugar al tenis.
74. Es normal que os (doler) .... la cabeza después de practicar tanto.
75. Hombre, es lógico que ahora (estar, nosotros) .... hartos del subjuntivo.

 © VERITAS-Verlag, Linz. DURCHSTARTEN – SPANISCH GRAMMATIK ÜBUNGSBUCH. Alle Rechte vorbehalten

125 Bejahe bzw. verneine folgende Sätze:

Modelo: *Veo que estás muy preocupado.* ► *No veo que estés muy preocupado.*
No me parece que siempre diga la verdad. ► *Me parece que siempre dice la verdad.*

1. Creo que llegamos a tiempo. ► ....
2. Suponemos que Carmen viene a cenar esta noche. ► ....
3. No es evidente que tenga muchos amigos. ► ....
4. Veo que estudias el uso del subjuntivo. ► ....
5. No nos parece que gane mucho dinero. ► ....
6. No creo que vengáis a mi fiesta de cumpleaños. ► ....
7. Creen que sabes cantar. ► ....
8. Es evidente que lo sabe. ► ....
9. Opino que con los padres no se puede hablar. ► ....
10. No es cierto que vivan en el campo. ► ....
11. Es verdad que sólo come pescado. ► ....
12. Estoy seguro de que se vive bien en Austria. ► ....

126 Lies den folgenden Dialog und unterstreiche die richtige Verbform:

1. ◊ He oído que **va / vaya** a llegar aquella actriz americana al baile de la ópera.
   – ¡No me digas! No lo sabía.
2. ◊ Bueno, yo creo que **es / sea** bastante famosa.
   – Pues, me parece que **estás / estés** exagerando, el arquitecto no piensa en invitarla de verdad.
3. ◊ Estoy segura de que **quiere / quiera** hacerlo.
   – Hija mía, me sorprende que **dices / digas** eso.
4. ◊ ¿Por qué no me crees? Sé que le **interesan / interesen** las rubias.
   – A mí no me parece bien que **engaña / engañe** a su mujer.
5. ◊ He leído en una revista que últimamente su mujer no le **escucha / escuche** cuando **habla / hable**.
   – ¡Vaya por dios! Es interesante que me **cuentas / cuentes** eso.
6. ◊ Pues, escúchame, yo creo que **necesitan / necesiten** a un sicólogo.
   – ¿A un sicólogo? Es evidente que los dos **tienen / tengan** problemas serios.
7. ◊ Que sí, es verdad que **están / estén** en una mala situación, pero no opino que todo **puede / pueda** arreglarse sin sicólogo.
8. – Hija mía, a mí me parece que lo suyo ya no **tiene / tenga** solución. Es posible que **se casa / se case** con aquella actriz rubia.
9. ◊ No digas eso, es necesario que lo **arreglan / arreglen**. Piensa en su hija.
   – Sí, tienes razón, es mejor que no **se separan / se separen**. A lo mejor **pueden / puedan** vivir juntos todos, él, la rubia, su mujer y la hija.
10. ◊ Oye, te pido que no me **hablas / hables** de cosas raras. Es improbable que a la rubia le **gusta / guste** eso.

127 Welche der folgenden Sätze sind nicht korrekt? Korrigiere sie:

1. A lo mejor vayamos a ver esa película.
2. Tal vez vaya este fin de semana al parque de atracciones.
3. ¡Que pasáis unas buenas vacaciones!
4. Cuando ves al señor director, dile que estoy aquí.
5. Voy en metro aunque tenga coche.

© VERITAS-Verlag, Linz. DURCHSTARTEN – SPANISCH GRAMMATIK ÜBUNGSBUCH. Alle Rechte vorbehalten

6. Lo hace aunque no está de acuerdo.
7. Tienes que estudiar unas horas más, aunque estés cansado.
8. ¡Que se mejora!
9. Busco a una secretaria que sabe español.
10. Carmen busca un vestido que sea barato.
11. Conozco a alguien que sabe tocar la guitarra.
12. ¡Ojalá me toca la lotería!

128 Ergänze die entsprechenden Verben im Indikativ oder Subjuntivo:

1. No creo que Carlos (llegar) .... todavía.
2. Me molesta que la mayoría de la gente (fumar) .... aquí dentro.
3. A lo mejor mis hermanos (venir) .... a mi boda.
4. Espero que (encontrar, tú) .... pronto un buen trabajo.
5. Supongo que (saber, ella) .... bien lo que va a hacer.
6. No pensamos que (ser, ellos) .... tan inteligentes como dicen.
7. Mi mujer y yo pensamos que no (ganar, nosotros) .... lo suficiente para comprar esta casa.
8. Es lógico que en invierno (hacer) .... mucho frío.
9. Es seguro que Carmen (jubilarse) .... en enero.
10. Muchas personas creen que la vida en Latinoamérica (ser) .... bastante dura.
11. A la profesora de inglés no le gusta nada que sus alumnos no (querer) .... ir a Malta con ella.
12. No es obligatorio que (poner, usted) .... su nombre en este impreso.
13. Dice que esta tarde (irse, él) .... a un concierto clásico.
14. Quiero que (estar, vosotros) .... en casa antes de las doce.
15. Tengo frío aunque (hacer) .... mucho calor.
16. No está bien que (hablar, ella) .... así de su novio.
17. Aunque (estar, él) .... enfermo, sigue trabajando.
18. Siempre dice que (tener, nosotros) .... que confiar en él.
19. Es increíble que a ellos les (gustar) .... tanto este tipo de música.
20. Está lloviendo, por eso le aconsejo que (llevar, usted) .... un paraguas.
21. Mi hermano me dice que le (doler) .... mucho los ojos.
22. Os recomiendo que no (ver, vosotros) .... tanto la tele.
23. No creemos que Austria (ser) .... el país con la mayor densidad de móviles.
24. Mientras su mujer (preparar) .... la cena, él mira un partido de fútbol.
25. Creo que (tener, ustedes) .... razón.
26. Tienes que irte sin que te (ver) .... los niños.
27. Antes de que (firmar, tú) .... el contrato, léelo bien.
28. Nos lo dicen para que lo (saber, nosotros) ....
29. ¡Que (descansar, ustedes) .... !
30. Conozco a un chico que (trabajar) .... de payaso en un circo.
31. Buscamos alojamiento que (ser) .... económico.
32. Los que (estudiar) .... mucho, van a aprobar el examen.
33. Es evidente que (ser) .... un chico bastante trabajador.
34. ¡Avísenme en caso de que no (estar, ustedes) .... de acuerdo.
35. Me ha contado que no le (interesar) .... las novelas policíacas.
36. Sé que (practicar, ellos) .... mucho el subjuntivo.

 © VERITAS-Verlag, Linz. DURCHSTARTEN – SPANISCH GRAMMATIK ÜBUNGSBUCH. Alle Rechte vorbehalten

21. KAPITEL: Imperfekt des Subjuntivo

- Das **Imperfekt des Subjuntivo** wird von der **3. Person Plural** des ***indefinido*** abgeleitet. Es gibt zwei gleichwertige Formen dieses Tempus: eine, die auf ***-ara/-iera***, und eine, die auf ***-ase/-iese*** endet:

Infinitiv	*ayudar*	*beber*	*abrir*
3. Person Pl. *indefinido*	*ayud-**aron***	*beb-**ieron***	*abr-**ieron***
yo	*ayud**ara** / ayud**ase***	*beb**iera** / beb**iese***	*abr**iera** / abr**iese***
tú	*ayud**aras** / ayud**ases***	*beb**ieras** / beb**ieses***	*abr**ieras** / abr**ieses***
él, ella, usted	*ayud**ara** / ayud**ase***	*beb**iera** / beb**iese***	*abr**iera** / abr**iese***
nosotros, -as	*ayud**áramos** / ayud**ásemos***	*beb**iéramos** / beb**iésemos***	*abr**iéramos** / abr**iésemos***
vosotros, -as	*ayud**arais** / ayud**aseis***	*beb**ierais** / beb**ieseis***	*abr**ierais** / abr**ieseis***
ellos, ellas, ustedes	*ayud**aran** / ayud**asen***	*beb**ieran** / beb**iesen***	*abr**ieran** / abr**iesen***

- Die Unregelmäßigkeiten des ***indefinido*** finden sich auch im Imperfekt des Subjuntivo:

*andar: **anduv**iera/-iese*
*caber: **cup**iera/-iese*
*conducir: **conduj**era/-ese*
*dar: **diera**/-iese*
*decir: **dij**era/-ese*
*estar: **estuv**iera/-iese*
*haber: **hub**iera/-iese*
*hacer: **hic**iera/-iese*
*ir/ser: **fu**era/-ese*
*poder: **pud**iera/-iese*
*poner: **pus**iera/-iese*
*querer: **quis**iera/-iese*
*saber: **sup**iera/-iese*
*tener: **tuv**iera/-iese*
*traer: **traj**era/-ese*
*venir: **vin**iera/-iese*

129 Ergänze die fehlenden Vokale und übertrage den entsprechenden Infinitiv in die Tabelle der Aufgabe 130!

1. ~~qrr~~ 2. sbr 3. dcr 4. crr 5. hbr
6. drmr 7. sr 8. rptr 9. hblr 10. cbr
11. pnr 12. prdr 13. tnr 14. hcr 15. vvr
16. mjrr 17. dr 18. mpzr 19. vnr 20. cndcr

130 Vervollständige nun die Tabelle! Wie lauten die Verbformen?

Infinitivo	*3ª persona plural del indefinido*	*Imperfecto de subjuntivo*
1. *querer*	*quisieron*	(usted) *quisiera*
2.		(yo)
3.		(nosotros)
4.		(ellas)
5.		(vosotros)
6.		(tú)
7.		(él)
8.		(ustedes)
9.		(yo)
10.		(ellos)
11.		(ella)
12.		(nosotras)
13.		(vosotras)
14.		(tú)
15.		(él)
16.		(usted)
17.		(yo)
18.		(ellos)
19.		(vosotros)
20.		(nosotros)

© VERITAS-Verlag, Linz. DURCHSTARTEN – SPANISCH GRAMMATIK ÜBUNGSBUCH. Alle Rechte vorbehalten

131 Notiere noch einmal die Formen des *imperfecto de subjuntivo* aus Aufgabe 130! Verwende dabei aber jene im Beispiel angegebenen Endungen!

1. *quisiese*
2. ....
3. ....
4. ....
5. ....
6. ....
7. ....
8. ....
9. ....
10. ....
11. ....
12. ....
13. ....
14. ....
15. ....
16. ....
17. ....
18. ....
19. ....
20. ....

132 *Crucigrama* – Kreuzworträtsel: Wie lauten die entsprechenden Formen des *imperfecto de subjuntivo*?

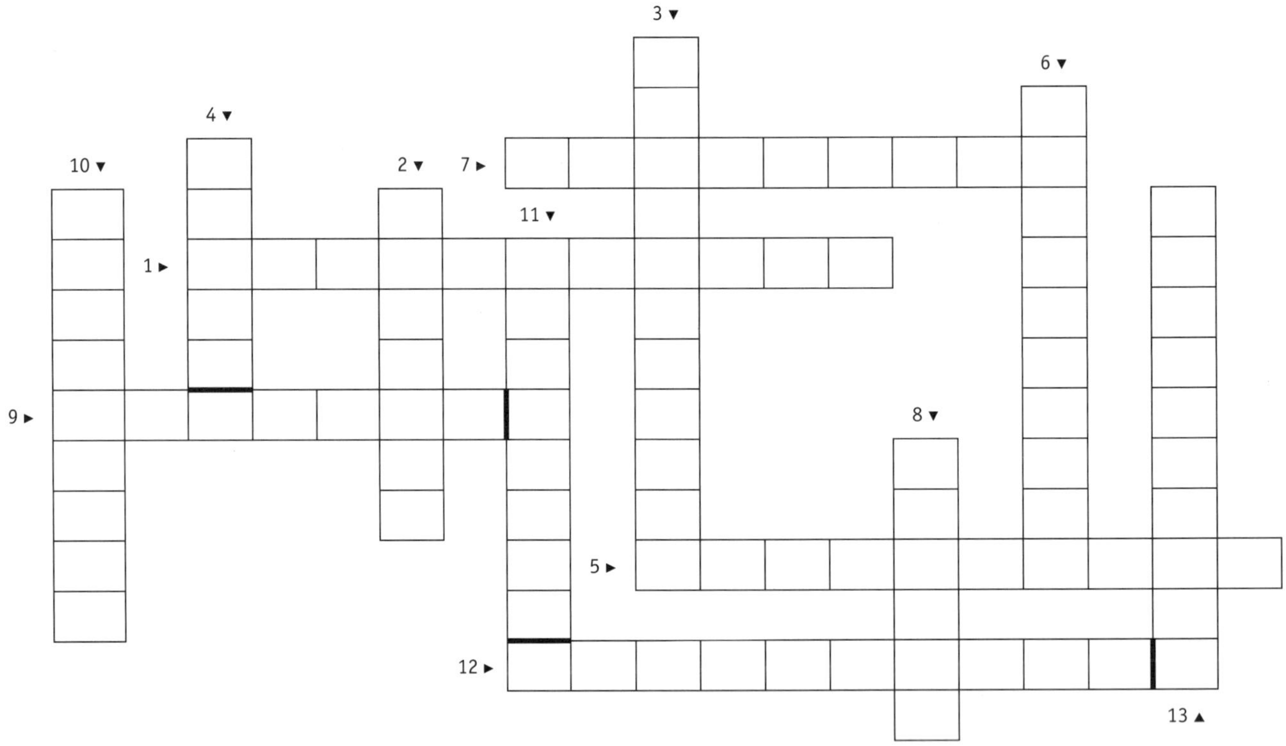

Horizontales:

1. ¿Os recomendaron que (*hören*) .... esta canción?
5. Nuestros padres permitieron que (*ausgehen*) .... por la noche.
7. Nos dijeron que (*nehmen*) .... café.
9. Me gustaba que mi amiga (*kommen*) .... conmigo de compras.
12. La camarera nos sugirió que (*essen*) .... salmón a la plancha.

Verticales:

2. El director permitía que los estudiantes (*rauchen*) .... en clase.
3. Nos aconsejaron que (*kaufen*) .... un ordenador portátil.
4. Me pidieron que (*sein*) .... puntual.
6. El jefe mandó a la secretaria que (*schreiben*) .... el correo electrónico.
8. Dijo que (*gehen, du*) .... a casa.
10. Nos sorprendió mucho que a esa hora su hija no (*sein*) .... en cama.
11. Donde vivíamos antes nos molestaba bastante que los vecinos (*machen*) .... tanto ruido por la noche.
13. Era normal que la gente (*protestieren*) .... en aquella situación.

© VERITAS-Verlag, Linz. DURCHSTARTEN – SPANISCH GRAMMATIK ÜBUNGSBUCH. Alle Rechte vorbehalten

22. KAPITEL: Zusammengesetzte Zeiten des Subjuntivo

- Das **Perfekt des Subjuntivo** bildest du mit dem Subjuntivo von ***haber*** und dem **Partizip Perfekt**:

	Subjuntivo von *haber*	**Partizip Perfekt**
yo	***haya***	
tú	***hayas***	
él, ella, usted	***haya***	***ayudado*** ***bebido*** ***abierto***
nosotros, -as	***hayamos***	
vosotros, -as	***hayáis***	
ellos, -as, ustedes	***hayan***	

Das Perfekt des Subjuntivo brauchst du, wenn sich Vermutungen, Wünsche etc. auf die nahe Vergangenheit beziehen:
Espero que ***haya aprobado*** *el examen.* Ich hoffe, dass er die Prüfung bestanden hat.

- Das **Plusquamperfekt des Subjuntivo** bildest du mit dem Imperfekt des Subjuntivo von ***haber*** und dem **Partizip Perfekt**:

	Subjuntivo Imperfekt von *haber*	**Partizip Perfekt**
yo	***hubiera/hubiese***	
tú	***hubieras/hubieses***	
él, ella, usted	***hubiera/hubiese***	***ayudado*** ***bebido*** ***abierto***
nosotros, -as	***hubiéramos/hubiésemos***	
vosotros, -as	***hubierais/hubieseis***	
ellos, -as, ustedes	***hubieran/hubiesen***	

In mit ***como si*** (= als ob) eingeleiteten Sätzen verwendet man das Imperfekt oder Plusquamperfekt des Subjuntivo, um einen irrealen Vergleich auszudrücken:
Me trató como si ***fuera/hubiera sido*** *un rey.* Er behandelte mich, als wäre ich ein König (gewesen).

133 Ergänze in den folgenden Sätzen die Infinitive durch das Perfekt des Subjuntivo:

1. Iremos al cine cuando (parar) .... de llover.
2. No creo que (discutir, ellos) .... Son muy buenos amigos.
3. Oye, chico, no me lo puedo creer. Es imposible que te lo (aprender) .... todo en una sola noche.
4. Es posible que los niños (beberse) .... la botella de ron sin querer.
5. ¡Ojalá (conseguir, él) .... entrar!
6. Espero que (casarse, ella) .... ya.
7. Todavía no han llegado. Es posible que (equivocarse, ellos) .... de dirección.
8. Nos gusta que (hacer, tú) .... las tareas a tiempo.
9. La policía no cree que esos chavales (atracar) .... el estanco.
10. Dudo que (estudiar, vosotros) .... tanto como decís.
11. Mis hijos van a volver a casa cuando (terminar, ellos) .... el partido de fútbol.
12. No creo que (levantarse, él) .... tan temprano. ¡Visítalo más tarde!
13. ¡Ojalá me (tocar) .... el bote de la lotería!
14. No creemos que nuestro profesor de español (corregir) .... nuestros exámenes toda la noche.
15. Voy a volver cuando (abrir) .... la biblioteca.
16. Es difícil que lo (hacer, ella) .... tan pronto.
17. Le vamos a contestar cuando (recibir) .... su correo electrónico.

© VERITAS-Verlag, Linz. DURCHSTARTEN – SPANISCH GRAMMATIK ÜBUNGSBUCH. Alle Rechte vorbehalten

134 Entscheide dich! Indikativ Perfekt oder Perfekt des Subjuntivo?

1. ¿Te has dado cuenta de que Carlos (adelgazar) .... mucho? ¿Está enfermo?
2. Miguel me ha dicho que esta mañana (ver, él) .... a nuestro profesor en el café de enfrente.
3. Supongo que (ir, ellos) .... a comer. No contestan.
4. Paco acaba de contarme que su compañero de clase (levantarse) .... a las seis.
5. Aunque esta semana (estar, yo) .... enfermo, he ido contigo al cine.
6. No recuerdo cuándo (desayunar, yo) .... esta mañana.
7. No reconozco esa iglesia. Espero que no (perderse, nosotros) ....
8. Este cochecito no arranca. ¿Es posible que (romperse) .... su motor?
9. ¡Qué bien que (venir, ustedes) .... a nuestras bodas de plata!
10. ¿Qué (hacer, tú) .... esta tarde? Te he llamado varias veces.
11. Es evidente que (ver, yo) .... esta película.
12. Me extraña que (comprar, usted) .... este ordenador portátil sin mirar el precio. Cuesta muchísimo, ¿no?
13. Nos parece que hoy unos alumnos (perder) .... el tren.
14. No pienso que tu hermano (tener) .... un accidente. Llegará pronto, ya verás.
15. A Paloma le parece raro que Carlos (besar) .... a Nuria, es que tiene novia.
16. Es evidente que (meter, yo) .... la pata cuando (decir, yo) .... que su peinado es bastante feo.
17. Es muy triste que (atropellar, ellos) .... su gatito esta tarde.
18. Nos parece que esta semana (ver, nosotros) .... a Carmen tres veces.
19. Espero que (conducir, él) .... con precaución.
20. Le sorprende que su marido no (llamar) .... por teléfono todavía. A lo mejor (olvidarse, él) ....
21. Estamos seguros de que (llegar, ellos) .... a tiempo.
22. Acaba de decirme que hoy (terminar, él) .... de escribir su libro de gramática.
23. Es imposible que no (acabar, usted) .... el trabajo todavía.
24. Me ha dicho que hasta ahora su equipo (ganar) .... todos los partidos de fútbol.
25. Mira, hijo, está demostrado que tu padre (comprar) .... pilas para la radio. Aquí están.
26. ¿Conoces a una persona que (vivir) .... en otro país?
27. Te voy a llamar cuando lo (encontrar, yo) ....
28. Me encanta que me (comprar, tú) .... estos pendientes.
29. ¡Ojalá (cerrar, él) .... las ventanas. Va a llover pronto.
30. ¡No me digas! Es imposible que (aprobar, él) .... el examen sin estudiar nada.
31. Lamento que (estar, tú) .... enfermo.
32. No creo que esta mañana (terminar, vosotros) .... el trabajo.
33. Es probable que (cerrar, ellos) ....
34. No es posible que (acabar, ellas) .... ya.

 © VERITAS-Verlag, Linz. DURCHSTARTEN – SPANISCH GRAMMATIK ÜBUNGSBUCH. Alle Rechte vorbehalten

135 Was passt zusammen? Verbinde die Satzteile:

1. Si lo hubiera apuntado,	a. no os habríais mojado a causa de la lluvia.
2. Si hubiéramos salido antes de casa,	b. no habría olvidado el número de teléfono.
3. Si hubieran comido menos,	c. no habríais suspedido el examen.
4. Si hubierais cogido un paraguas,	d. no habríamos perdido el autobús.
5. Si me hubiera comprado un mapa,	e. habría tenido suficiente dinero para coger un taxi.
6. Si hubiera gastado menos,	f. no te habrías caído por las escaleras.
7. Si hubieras tenido más cuidado,	g. nos habríamos podido comprar esta casa tan bonita.
8. Si hubiéramos ahorrado más,	h. los ladrones no habrían robado todos los muebles.
9. Si se hubieran quedado en casa,	i. no habría tenido que buscar esta calle.
10. Si hubierais hecho las tareas,	j. no se habrían sentido mal después de la cena.

136 *En el mundo del "como si"* – Ergänze die fehlenden Verben im Imperfekt bzw. Plusquamperfekt des Subjuntivo:

1. En la fiesta de mi cumpleaños bebió vino como si (ser) .... agua.
2. Conduce el coche como si (conducir, él) .... un camión.
3. Se comportó como si (ser, él) .... millonario.
4. Me miraban como si (venir, yo) .... del planeta Marte.
5. Le dan tanta propina al camarero como si (tener, ellos) .... mucho dinero.
6. Hablaron el español como si (nacer, ustedes) .... en España.
7. Los niños están gritando como si alguien les (querer) .... matar.
8. Cantas como si (tener, tú) .... que ganarte la vida en la calle.
9. Habla como si (ser) .... político.
10. Nos informaron sobre la nueva generación de ordenadores portátiles como si ya (trabajar, ellos) .... de representantes de una tienda informática.
11. Suele hablar con su perro como si (ser) .... un hijo suyo.
12. Nos trataron como si (ser, nosotros) .... miembros de la familia real.
13. Te preocupas tanto de mis problemas como si (ser) .... mi madre.
14. Está mirando a esa chica como si (estar, él) .... enamorado de ella.
15. Mi mujer preparó tanta comida como si (tener, nosotros) .... diez hijos.
16. Le explicó a su secretaria todos los detalles como si no (saber, ella) .... leer las instrucciones ella misma.
17. Mi mujer hizo tantas tartas como si toda la familia (venir) .... a nuestra casa y no (comerse) .... otra cosa.
18. Durante mis presentaciones mis compañeros de clase se comportan como si (ser, ellos) .... todo oídos, pero sé que no lo son.
19. Habla con el recepcionista como si (querer, él) .... anular las reservas.
20. El vendedor habla de aquel coche como si (consumir) .... muy poco gasóleo.
21. Se decide por este jersey muy caro como si no (haber) .... otro más barato.
22. Los alumnos no querían darse prisa como si (tener, ellos) .... muchísimo tiempo.
23. Habló conmigo como si no (ver, él) .... desde el principio que la solución no era correcta.

© VERITAS-Verlag, Linz. DURCHSTARTEN – SPANISCH GRAMMATIK ÜBUNGSBUCH. Alle Rechte vorbehalten

23. KAPITEL: Zeitenfolge im Subjuntivo-Satz

Die Zeit des Verbs im Hauptsatz bestimmt die Zeit des Subjuntivo im Nebensatz:

Hauptsatz in einer Zeit der Gegenwart		Nebensatz (*subjuntivo*)
presente	+ *que* +	*presente* *perfecto*
perfecto		
futuro		
imperativo		
Siento que no ***puedas*** *venir.* (= Gleichzeitigkeit) *Me alegro de que* ***hayas tenido*** *suerte.* (= Vorzeitigkeit)		

Hauptsatz in einer Zeit der Vergangenheit		Nebensatz (*subjuntivo*)
imperfecto	+ *que* +	*imperfecto* *pluscuamperfecto*
indefinido		
pluscuamperfecto		
condicional simple / compuesto		
Sintieron que ***estuvieras*** *enfermo.* (= Gleichzeitigkeit) *Me habría alegrado de* ***que hubieras venido.*** (= Vorzeitigkeit)		

137 **Ergänze in den folgenden Sätzen die Verben in der richtigen Zeit und im richtigen Modus, sprich Indikativ oder Subjuntivo:**

1. Conozco a alguien que te (poder) .... dar clases particulares de ruso.
2. Quiero pasar mis vacaciones en un hotel que (estar) .... cerca de la playa.
3. Son las siete en punto y nos pidió que (estar, nosotros) .... aquí a las siete.
4. Yo pensaba que Jaime y Concha ya (estar) .... casados.
5. Si mañana (terminar, nosotros) .... nuestro proyecto, podríamos ir al cine por la tarde.
6. Os lo diré cuando nos (ver, nosotros) .... mañana.
7. Veo que (hacer, vosotros) .... vuestras tareas.
8. Me parece que su casa (estar) .... muy lejos.
9. Me comentaron que su jefe normalmente (trabajar, él) .... muchísimo.
10. Creo que el ministro (venir) .... hoy.
11. Parece que (ganar, ellos) .... mucho, acaban de comprarse una casa.
12. No creo que te (acompañar, ellos) .... al cine, es que están hartos de ver tantas películas malas.
13. Carmen quería que (visitar, nosotros) .... a Carlos.
14. Te prohíbo que (salir) ....
15. Me molesta que ese señor (pegar) .... a sus niños.
16. Nos sorprende que se lo (decir, él) .... a su novia.
17. Lamentaron que (irse, tú) .... tan pronto.
18. Está muy mal que (insultar, vosotros) .... a vuestros padres.
19. Es difícil que (poder, ella) .... aprobar los exámenes finales.
20. ¡Que (salir, ustedes) .... de ahí! Es propiedad privada.
21. Conocemos un lugar que (ser) .... muy tranquilo.
22. Nos lo dirá el que (llegar) .... primero.
23. Nadie dijo nada que no (saber, nosotros) ....
24. ¡Que os lo (pasar, vosotros) .... bomba!

 © VERITAS-Verlag, Linz. DURCHSTARTEN – SPANISCH GRAMMATIK ÜBUNGSBUCH. Alle Rechte vorbehalten

25. Quiero un coche que (tener) .... aire acondicionado.
26. Prefiero una casa que (disponer) .... de jardín.
27. El poco tiempo libre que (tener, yo) .... lo dedico a estudiar también.
28. Necesitamos un jefe que no (ser) .... demasiado exigente.
29. ¡Ojalá no (llover) .... el próximo domingo!
30. Cuando llegaban a su casa del campo, cerraban la ventana a fin de que no (entrar) .... demasiados mosquitos.
31. Antonio discutió mucho con ellos para que (comprender) .... su decisión.
32. Aunque (fumar, él) .... muchísimo, tiene buena salud.
33. Se puso muy triste cuando (ver, él) .... lo que había destruído el huracán.
34. Cuando (estar, vosotros) .... en Madrid, os eché mucho de menos.
35. Cuando (querer, yo) .... hacer algo contigo, nunca tienes tiempo.
36. Era necesario que (pedir, ellos) .... visado antes de ir a EE. UU.
37. Hemos notado que nuestro pueblo (cambiar) .... últimamente.
38. No creo que (deber, vosotros) .... tener cuidado con ese perro, es que es muy manso.
39. Me gustaría que (ir, vosotros) .... conmigo a Madrid.
40. Me pidió que (dar, yo) .... mi opinión por escrito.

138 Korrigiere – wenn erforderlich – folgende Sätze:

1. Preferiríamos que no viene a nuestra boda.
2. Es evidente que no todos estén de acuerdo.
3. Sería necesario que estudiabais más.
4. Me pidió que le ayude en el jardín.
5. Supongo que habrá suficiente tiempo para hacerlo.
6. Mi padre y yo hablaremos cuando nos veremos.
7. Nos recomendó que viéramos esa película.
8. Le dijo a Carmen que no viniera antes de las cinco.
9. Dudo que trabaja más que yo.
10. Les prohibió que hubieran hablado de ese asunto con otra gente.
11. En el caso de que lo sabes, dímelo enseguida.
12. Es mejor quedar a las seis para que nos da tiempo a tomar algo.

139 Entscheide dich für die passende Verbform, reihe die entsprechenden Buchstaben aneinander und du erhältst eine Süßigkeit aus Toledo:

1. Cuando ... hambre, comíamos un bocadillo.
   tengamos (E) *tuviéramos* (N) *teníamos* (M)
2. Estoy seguro de que ... hace una semana.
   venga(O) *viniera* (S) *vino* (A)
3. No creemos que ... decirle la verdad.
   deba (Z) *debe* (P) *debía* (E)
4. Me di cuenta de que ... sueño.
   tuvieras (L) *tenías* (A) *tuviste* (C)
5. Me gustaría que ... a tiempo.
   llegáramos (P) *llegábamos* (D) *llegamos* (U)
6. Es mejor que ... el metro.
   coges (E) *cojas* (A) *cogerás* (O)
7. Era necesario que ... su carné de conducir al policía.
   enseñaran (N) *habían enseñado* (D) *enseñaron* (R)

LÖSUNG:

___	___	___	___	___	___	___
1	2	3	4	5	6	7

© VERITAS-Verlag, Linz. DURCHSTARTEN – SPANISCH GRAMMATIK ÜBUNGSBUCH. Alle Rechte vorbehalten

24. KAPITEL: Imperativ

Bei der Bildung der Befehlsform muss darauf geachtet werden, ob sie **bejaht** oder **verneint** ist.

1. Der **bejahte Imperativ** der **2. Person Einzahl (*tú*)** hat die gleiche Form wie die 3. Person Einzahl des Indikativ Präsens:

	ayudar	*beber*	*abrir*	→ Infinitiv
él/ella/usted	***ayuda*** hilft	***bebe*** trinkt	***abre*** öffnet	→ Indikativ
tú	***¡ayuda!*** hilf!	***¡bebe!*** trink!	***¡abre!*** öffne!	→ Imperativ

- Alle Unregelmäßigkeiten der 3. Person Einzahl gelten auch für diese Form:
  *El chico **pie**nsa en su novia.* ▸ *¡**Pie**nsa en tu novia!*
  *La chica **cue**nta un chiste.* ▸ *¡**Cue**nta un chiste!*
- Die Personal- und Reflexivpronomen müssen beim bejahten Imperativ immer angehängt werden! Zur Beibehaltung der Aussprache des Verbs muss ein Akzent gesetzt werden:
  *¡Ayúda**me**! Hilf mir! ¡Siénta**te**! Setz dich!*
- Es gibt **nur acht** Zeitwörter, deren bejahter Imperativ der 2. Person Einzahl unregelmäßig ist:

decir	sagen	***¡di!***
hacer	machen	***¡haz!***
ir	gehen	***¡ve!***
poner	stellen	***¡pon!***
salir	ausgehen	***¡sal!***
ser	sein	***¡sé!***
tener	haben	***¡ten!***
venir	herkommen	***¡ven!***

2. Der **bejahte Imperativ** der **2. Person Mehrzahl (*vosotros, -as*)** wird vom Infinitiv abgeleitet, wobei das ***-r*** durch ein ***-d*** ersetzt wird:

	ayudar	*beber*	*abrir*	→ Infinitiv
vosotros, -as	*¡ayuda**d**!* helft!	*¡bebe**d**!* trinkt!	*¡abri**d**!* öffnet!	→ Imperativ

Achtung: Alle Formen in der 2. Person Mehrzahl (*vosotros, -as*) sind regelmäßig. **Es gibt keine Ausnahmen!**

- Durch das Anhängen der Reflexivpronomen an die 2. Person Mehrzahl des bejahten Imperativ fällt das *-d* weg:
  *senta**d** + os* ▸ *¡sentaos! / ¡sentaros!* Setzt euch! **ABER:** irse: ***id*** *+ os* ▸ *¡idos! / ¡iros!* Geht weg!

3. Der bejahte Imperativ der 3. Person Einzahl und Mehrzahl **(*usted / ustedes*)** entspricht den Formen des ***presente de subjuntivo***. Ausgangspunkt für diese Formen ist immer die **1. Person Einzahl des Indikativ Präsens:**

yo	*ayud**o***	*beb**o***	*abr**o***
usted	*¡ayud**e** usted!*	*¡beb**a** usted!*	*¡abr**a** usted!*
ustedes	*¡ayud**en** ustedes!*	*¡beb**an** ustedes!*	*¡abr**an** ustedes!*

Unregelmäßigkeiten des Verbstamms bleiben erhalten: *pedir (**pid**o)* ▸ *¡**pid**a(n)!*

4. Für alle Personen des **verneinten Imperativs** werden wie für die 3. Person Einzahl und Mehrzahl die Endungen des ***presente de subjuntivo*** verwendet. Ausgangspunkt für diese Formen ist ebenfalls die **1. Person Einzahl des Indikativ Präsens:**

Infinitiv	*ayudar*	*beber*	*abrir*
tú	*¡**no** ayud**es**!*	*¡**no** beb**as**!*	*¡**no** abr**as**!*
vosotros, -as	*¡**no** ayud**éis**!*	*¡**no** beb**áis**!*	*¡**no** abr**áis**!*
usted	*¡**no** ayud**e**!*	*¡**no** beb**a**!*	*¡**no** abr**a**!*
ustedes	*¡**no** ayud**en**!*	*¡**no** beb**an**!*	*¡**no** abr**an**!*

Auch hier bleiben Unregelmäßigkeiten des Verbstamms erhalten: *pedir (**pid**o)* ▸ *¡**no pid**a(n)!*

Achtung: Im Unterschied zum **bejahten** müssen beim **verneinten Imperativ** die Personal- und Reflexivpronomen immer **vor** dem konjugierten Zeitwort stehen: *¡No **te** sientes!*

© VERITAS-Verlag, Linz. DURCHSTARTEN – SPANISCH GRAMMATIK ÜBUNGSBUCH. Alle Rechte vorbehalten

140 Ergänze in der Tabelle die fehlenden Formen:

tú	vosotros, -as	usted	ustedes
nada			
	tened		
		cuide	
			corran
		haga	
	bajad		
ve			
	sed		
		ponga	
			escriban
		venda	
	decid		
ven			
	salid		
		cuente	
			vivan

141 Bilde die entsprechende Form des bejahten Imperativs:

Modelo: *Tú/leer el periódico* ▶ *Lee el periódico.*

1. Tú/tomar café
2. Ustedes/ayudar a la gente pobre
3. Vosotros/sacar la basura
4. Usted/dar un paseo
5. Tú/preparar el desayuno
6. Usted/pagar la cuenta
7. Tú/comer un croissant
8. Vosotros/estudiar el vocabulario
9. Ustedes/hacer gimnasia
10. Usted/pedir más información
11. Tú/cerrar la puerta
12. Ustedes/poner la radio
13. Tú/apagar la tele
14. Tú/fumar un cigarrillo
15. Usted/abrir la ventanilla
16. Vosotros/calentar la tortilla
17. Ustedes/cruzar la calle
18. Tú/ordenar la habitación
19. Usted/revisar el motor
20. Vosotros/probar este vino
21. Usted/apuntar mi dirección
22. Tú/mandarle un e-mail
23. Usted/volver mañana
24. Tú/poner la mesa
25. Vosotros/consultar el diccionario
26. Usted/coger un taxi
27. Ustedes/ir en metro
28. Tú/decirle la verdad
29. Vosotros/comer despacio
30. Usted/seguir todo recto

142 Verneine die Sätze der Aufgabe 141!

143 Übersetze:

1. Informiere dich gut, bevor du einen neuen Computer kaufst.
2. Steht auf, wenn der Lehrer eintritt.
3. Kaufen Sie ihm ein Handy, alle Kinder wollen eines.
4. Hör mir gut zu, ich habe dir viel zu sagen.
5. Sag ihnen die Wahrheit, es wird sie beruhigen.
6. Soll ich den Koffer gleich packen? – Ja, pack ihn, damit du morgen nicht zu spät kommst.

© VERITAS-Verlag, Linz. DURCHSTARTEN – SPANISCH GRAMMATIK ÜBUNGSBUCH. Alle Rechte vorbehalten

7. Schenken Sie ihr nichts, sie verdient es nicht.
8. Sollen wir Ihnen die Bücher per Post schicken? – Nein, schicken Sie sie mir nicht, ich hole sie persönlich ab.
9. Stört es Sie, wenn ich das Fenster öffne? – Nein, öffnen Sie es! Mir ist auch heiß.
10. Diese CD gefällt mir. – Dann kauf sie dir!
11. Wir sind noch sehr müde. – Dann schlaft weiter und steht später auf!
12. Soll ich den Tisch decken? – Ja, deck ihn, dann können wir essen.

144 33 Tipps, die die Welt verbessern und dazu noch glücklich machen. Ergänze die entsprechenden Formen des Imperativs für die 3. Person Einzahl:

1. (Comprar) .... sólo productos que necesite realmente.
2. (Tomar) .... un café con un mendigo y (charlar) .... con él.
3. (Reírse) .... mucho, suele crear buen ambiente.
4. (Aprender) .... algo sobre la ciudad en la que vive, le dará nuevos impulsos.
5. (Transmitir) .... sus experiencias en charlas, suele unir la gente.
6. (Bajar) .... una parada antes y (ir) .... a pie al trabajo, para gastar más calorías.
7. (Leer) .... un cuento a sus hijos, para crear una sensación de protección.
8. No (subir) .... en ascensor, (subir) .... las escaleras.
9. (Ducharse) .... en vez de bañarse, para ahorrar agua.
10. (Dar) .... muchos paseos al aire libre, es muy sano.
11. (Donar) .... sangre, puede salvar la vida de alguien.
12. (Evitar) .... bebidas que contienen mucho azúcar, son perjudiciales para la salud.
13. (Comer) .... menos carne.
14. (Llevar) .... bolsas de tela al salir de compras.
15. No (tirar) .... la basura al caminar por los bosques.
16. (Parar) .... su coche en los atascos.
17. (Cerrar) .... el grifo limpiándose los dientes, para ahorrar agua.
18. (Plantar) .... un árbol, los árboles limpian nuestro aire.
19. (Utilizar) .... bombillas de bajo consumo de energía.
20. (Conducir) .... despacio en los pueblos o ciudades, siempre podría cruzar un niño.
21. (Regalar) .... su ropa usada a gente que la necesite en vez de tirarla.
22. (Apagar) .... la luz al salir de la habitación.
23. (Unirse) .... a una organización ecologista.
24. No (tener) .... las luces siempre encendidas, (encender) .... velas, resulta más romántico.
25. (Bajar) .... la calefacción antes de abrir las ventanas para ventilar una habitación.
26. (Consumir) .... sólo alimentos ecológicos, son más sanos.
27. (Hacerse) .... miembro de una asociación protectora de animales.
28. (Cuidar) .... el perro o gato de su vecino cuando se vaya de vacaciones.
29. (Hacer) .... mucho deporte, su cuerpo y mente se lo agradecerán.
30. (Moverse) .... mucho, su corazón lo necesita.
31. (Ir) .... en bicicleta, es muy sano y no engordará.
32. (Salir) .... con su pareja a bailar, le encantará.
33. No (beber) .... demasiado alcohol, (hacerlo) .... con moderación.

© VERITAS-Verlag, Linz. DURCHSTARTEN – SPANISCH GRAMMATIK ÜBUNGSBUCH. Alle Rechte vorbehalten

25. KAPITEL: Futur

1. Um das **Futur I** oder ***futuro imperfecto*** der **regelmäßigen Verben** zu bilden, hängst du einfach an die Nennform die entsprechenden Endungen an:

Infinitiv	*ayudar*	*beber*	*abrir*
yo	*ayudar**é***	*beber**é***	*abrir**é***
tú	*ayudar**ás***	*beber**ás***	*abrir**ás***
él, ella, usted	*ayudar**á***	*beber**á***	*abrir**á***
nosotros, -as	*ayudar**emos***	*beber**emos***	*abrir**emos***
vosotros, -as	*ayudar**éis***	*beber**éis***	*abrir**éis***
ellos, -as, ustedes	*ayudar**án***	*beber**án***	*abrir**án***

2. Die **unregelmäßigen Verben** gleichen in den Endungen den regelmäßigen, haben aber einen anderen Stamm:

*haber: **habré, habr**ás …*
*caber: **cabré, cabr**ás …*
*poder: **podré, podr**ás …*
*querer: **querré, querr**ás …*
*saber: **sabré, sabr**ás …*
*poner: **pondré, pondr**ás …*
*tener: **tendré, tendr**ás …*
*valer: **valdré, valdr**ás …*
*venir: **vendré, vendr**ás …*
*salir: **saldré, saldr**ás …*
*decir: **diré, dir**ás …*
*hacer: **haré, har**ás …*

3. Verwendung des Futur I:

*La semana que viene **iré** a Barcelona.* (= Beschreibung eines in der Zukunft liegenden Umstandes)
***Serán** las tres.* (= Ausdruck einer Vermutung)
*Si no le echas una mano, **tendrás** problemas con él.* (= Ausdruck der Folge einer Handlung)

4. Häufig verwendete Zeitangaben:

esta tarde / noche (heute Abend / Nacht), ***mañana / pasado mañana*** (morgen / übermorgen), ***el fin de semana*** (am Wochenende), ***la semana / el mes / el año que viene*** bzw. ***la / el próxima/o semana mes/ año*** (nächste Woche / nächsten Monat / nächstes Jahr), ***dentro de quince días*** (innerhalb von zwei (!) Wochen), ***luego / después / más tarde*** (dann / später), ***¿a qué hora? ¿cuándo?*** (wann), ***en Navidades / en Semana Santa*** (zu Weihnachten / zu Ostern)

5. Umschreibung mit der Struktur ***ir + a* + Infinitiv**: *El lunes **voy a comprarme** un móvil nuevo.*

6. Das **Futur II** oder ***futuro perfecto*** bildest du mit dem Futur I von ***haber*** und dem **Partizip Perfekt**:

	Futur I von *haber*	Partizip Perfekt
yo	***habré***	
tú	***habrás***	
él, ella, usted	***habrá***	***ayudado***
nosotros, -as	***habremos***	***bebido***
vosotros, -as	***habréis***	***abierto***
ellos, -as, ustedes	***habrán***	

145 Ergänze die fehlenden Verbformen:

Infinitiv	Futur I	Futur II
		habré hablado
	dirás	
querer (ellos)		
	podremos	
		habrán puesto
	irá	
valer (él)		
	morirá	
		habrás mantenido
	escribirán	
hacer (yo)		

© VERITAS-Verlag, Linz. DURCHSTARTEN – SPANISCH GRAMMATIK ÜBUNGSBUCH. Alle Rechte vorbehalten

146 Übersetze die Verbformen:

1. ich werde kommen ....
2. er wird verbieten ....
3. wir werden haben ....
4. sie werden sich bewegen ....
5. ihr werdet geben ....
6. du wirst machen ....
7. er wird sprechen ....
8. sie werden zurückkommen ....
9. sie wird sterben ....
10. wir werden wollen ....
11. ihr werdet sagen ....
12. er wird wissen ....
13. ich werde spielen ....
14. du wirst stellen ....
15. es wird wert sein ....
16. sie werden sein ....
17. er wird verkaufen ....
18. wir werden gewinnen ....
19. ihr werdet schreiben ....
20. du wirst leben ....

147 Setze die Verbformen im Futur ein:

1. (Tomar, yo) .... para desayunar un té con limón y una tostada.
2. (Comer, nosotros) .... juntos el domingo.
3. Te (llamar, yo) .... mañana por la tarde.
4. (Beber, nosotros) .... un buen vino con la cena.
5. (Tener, él) .... que ir al banco para abrir una cuenta corriente.
6. Miles de turistas (venir) .... a Austria para esquiar.
7. ¿A qué hora (salir, tú) .... a Francfort? – A las doce.
8. El profesor (examinar) .... a sus alumnos.
9. (Poner, ella) .... la radio más alta porque no oye nada.
10. Después de hacer tantos ejercicios (saber, ellos) .... hablar mejor español.
11. (Ir, yo) .... en bici todos los días.
12. En las vacaciones (dormir, yo) .... mucho más que ahora.
13. Muy pronto (conocer, vosotros) .... a mi novio.
14. La boda (ser) .... el 6 de mayo.
15. En otoño los profesores (ir) .... con sus alumnos a España.
16. (Hacer, ellos) .... un curso intensivo de español.
17. ¿Te (comprar, tú) .... el libro que te he recomendado?
18. Nosotros (comer) .... pescado en Navidades.
19. Estoy seguro de que mañana (encontrar, tú) .... la solución.
20. Si no duermes suficientes horas, por la mañana no (poder, tú) .... levantarte.
21. El martes que viene (tener, nosotros) .... tiempo para ir al cine.
22. Mañana te (decir, yo) .... lo que ha pasado.
23. En el futuro (haber) .... más problemas de contaminación que hoy día.
24. La Unión Europea (tener) .... más estados miembro.
25. (Hacer, nosotros) .... este ejercicio entre tú y yo.
26. El mes que viene (dejar, ella) .... de fumar.
27. (Llegar, nosotros) .... a tu casa a las cinco en punto.
28. El año que viene mis compañeros de clase y yo (hacer, nosotros) .... un viaje por México.
29. Muchos jubilados (pasar) .... sus vacaciones en el campo.
30. El año próximo (tener, vosotros) .... que ahorrar mucho.
31. Los impuestos (subir) .... un 2%.

© VERITAS-Verlag, Linz. DURCHSTARTEN – SPANISCH GRAMMATIK ÜBUNGSBUCH. Alle Rechte vorbehalten

148 Korrigiere die folgenden Sätze:

1. ¿Qué haceréis el próximo fin de semana?
2. Si se dan prisa, no venderán tarde.
3. Si usted me da el dinero, poderé conseguir lo que busca.
4. ¿Cuándo venirán tus padres de Nueva York?
5. Generalmente, en España, podrán no cenar en un restaurante antes de las ocho y media.
6. Las próximas Navidades poneré un árbol y un belén en mi casa.
7. ¿Quién estará el próximo presidente del gobierno?
8. Mañana levantaremos nos a las seis en punto.
9. ¿Cuánto cuestará este coche deportivo?
10. ¿Crees que caberás en el coche?

149 Futur oder *indefinido*? Ergänze die entsprechenden Verben:

1. Mañana (ir, nosotros) .... al Museo del Prado.
2. La semana pasada aquel grupo de teatro (actuar) .... en el Teatro Clásico.
3. El año que viene mis compañeros y yo (hacer) .... un curso de español.
4. Muchos extranjeros (venir) .... el año próximo de vacaciones a Mallorca.
5. Anoche (ir, nosotros) .... a un tablao flamenco.
6. El año pasado el precio de un billete de diez viajes (subir) .... un 5%.
7. Dentro de quince días (saber, nosotros) .... el resultado del examen.
8. Hace dos meses (ver, él) .... un vídeo sobre los toros.
9. El fin de semana pasado (ir, nosotros) .... juntos a Venecia.
10. Anoche no (poder, yo) .... entrar en casa porque había perdido mis llaves.

150 Ersetze die Struktur *ir* + *a* + Infinitiv durch die entsprechende Form des *futuro imperfecto*:

1. El mes que viene vamos a ir al concierto de jazz que suelen organizar al aire libre.
2. Van a venir mis primos de Valencia.
3. El lunes es fiesta, las tiendas no van a abrir, pero los bares y restaurantes van a estar abiertos.
4. Esta noche vas a dormir muy bien en tu cama nueva.
5. La Nochevieja vamos a salir con nuestros amigos y vamos a comer las doce uvas.
6. El viernes nuestro jefe nos va a invitar a comer en un restaurante muy bueno.

151 Folgende Sätze drücken eine Vermutung aus. Forme sie um:

Modelo: *Seguramente era muy viejo.* ► *Habrá sido muy viejo.*

1. Hay unos cinco millones de habitantes en Madrid.
2. Ayer recorrieron alrededor de treinta kilómetros.
3. El bar "La Trucha" está aproximadamente a tres manzanas de aquí.
4. Fuma un paquete de cigarrillos al día más o menos.
5. Lo he visto por la Plaza Mayor a eso de las siete de la tarde.
6. Seguramente lo saben, pero no quieren decírtelo.
7. Vamos al cine unas dos o tres veces al mes.

© VERITAS-Verlag, Linz. DURCHSTARTEN – SPANISCH GRAMMATIK ÜBUNGSBUCH. Alle Rechte vorbehalten

26. KAPITEL: Konditional

1. Man unterscheidet die **Bedingungsform der Gegenwart** (= Konditional I bzw. *condicional simple*) und jene der **Vergangenheit** (= Konditional II bzw. *condicional compuesto*). Um den **Konditional I** der **regelmäßigen Verben** zu bilden, hängst du wie beim Futur I an die Nennform die entsprechenden Endungen an:

Infinitiv	*ayudar*	*beber*	*abrir*
yo	*ayudar**ía***	*beber**ía***	*abrir**ía***
tú	*ayudar**ías***	*beber**ías***	*abrir**ías***
él, ella, usted	*ayudar**ía***	*beber**ía***	*abrir**ía***
nosotros, -as	*ayudar**íamos***	*beber**íamos***	*abrir**íamos***
vosotros, -as	*ayudar**íais***	*beber**íais***	*abrir**íais***
ellos, -as, ustedes	*ayudar**ían***	*beber**ían***	*abrir**ían***

2. Die **unregelmäßigen Verben** gleichen in den Endungen den regelmäßigen, haben aber einen anderen Stamm:

*haber: **habr**ía, **habr**ías ...*
*caber: **cabr**ía, **cabr**ías ...*
*poder: **podr**ía, **podr**ías ...*
*querer: **querr**ía, **querr**ías ...*
*saber: **sabr**ía, **sabr**ías ...*
*poner: **pondr**ía, **pondr**ías ...*
*tener: **tendr**ía, **tendr**ías ...*
*valer: **valdr**ía, **valdr**ías ...*
*venir: **vendr**ía, **vendr**ías ...*
*salir: **saldr**ía, **saldr**ías ...*
*decir: **dir**ía, **dir**ías ...*
*hacer: **har**ía, **har**ías ...*

3. Verwendung des Konditional I:
¿Me podría ayudar? (= höfliche Bitte bzw. Frage)
Yo en tu lugar me compraría un móvil. (= Ratschlag)
Si no hiciera mal tiempo, iría a la playa. (= irrealer Bedingungssatz der Gegenwart)
"Te ayudaré." – Dijo que me ayudaría. (= indirekte Rede)

4. Den **Konditional II** bildest du mit dem Konditional I von ***haber*** und dem **Partizip Perfekt**:

	Konditional I von *haber*	Partizip Perfekt
yo	***habría***	
tú	***habrías***	
él, ella, usted	***habría***	***ayudado*** ***bebido*** ***abierto***
nosotros, -as	***habríamos***	
vosotros, -as	***habríais***	
ellos, -as, ustedes	***habrían***	

5. Verwendung des Konditional II:
Si hubieras estudiado más, habrías aprobado el examen. (= irrealer Bedingungssatz der Vergangenheit)

152 **In dieser *sopa de letras* verbergen sich 15 regelmäßige und unregelmäßige Formen des Konditional I. Finde sie und trage sie zur entsprechenden Person ein:**

V	E	N	D	R	I	A	M	I	O
E	S	T	A	R	I	A	S	R	T
R	T	P	R	P	R	N	E	I	E
I	A	O	I	O	I	M	R	A	N
A	R	D	A	U	A	L	I	I	D
I	I	R	N	M	S	U	A	S	R
S	A	I	R	A	H	H	S	H	I
V	S	A	L	D	R	I	A	N	A
S	O	M	C	A	B	R	I	A	M
M	P	O	N	D	R	I	A	N	O
T	Z	S	E	R	I	A	I	S	S
P	R	E	F	E	R	I	R	I	A

Yo, él, ella, usted: ....
....
....
Tú: ....
....
Nosotros, -as: ....
....
Vosotros, -as: ....
....
Ellos, ellas, ustedes: ....
....

 © VERITAS-Verlag, Linz. DURCHSTARTEN – SPANISCH GRAMMATIK ÜBUNGSBUCH. Alle Rechte vorbehalten

153 Bilde die entsprechende Form des Konditional II:

1. yo	.... *hacer*	.... *empezar*	.... *reír*	.... *saber*	.... *salir*
2. tú	.... *seguir*	.... *tener*	.... *ir*	.... *ser*	.... *estar*
3. él	.... *decir*	.... *ver*	.... *vender*	.... *venir*	.... *querer*
4. nosotros	.... *poner*	.... *caer*	.... *conducir*	.... *comprender*	.... *repetir*
5. vosotros	.... *traer*	.... *leer*	.... *estar*	.... *escribir*	.... *contar*
6. ellos	.... *probar*	.... *mover*	.... *oír*	.... *costar*	.... *elegir*

154 Ergänze die Sätze mit der entsprechenden Form des Konditional I:

1. ¿(Poder, usted) .... decirme dónde hay una estación de metro por aquí?
2. Papá, ¿me (prestar, tú) .... tu coche?
3. No hace buen tiempo, por eso (preferir, nosotros) .... quedarnos en casa.
4. ¿(Tener, tú) .... un bolígrafo para prestarme?
5. ¿(Hacer, vosotros) .... esto por mí?
6. ¿(Poder, nosotros) .... salir un poco antes de clase?
7. Les (gustar) .... ir a México este verano.
8. ¿Cuánto (costar) .... los pantalones rojos?
9. Raúl nunca (cambiar) .... de nacionalidad. Le gusta ser cubano.
10. ¿Nos (poder, vosotros) .... ayudar?
11. ¿Le (importar, usted) .... pasarme la cafetera?
12. ¿(Tener, ustedes) .... tiempo esta semana?
13. Me dijo que le (gustar, él) .... intentarlo.
14. ¿Quieres ir en tren? Pues, yo, en tu lugar, (coger) .... el coche.
15. ¿Todavía no has reservado habitación? Yo que tú, lo (hacer) .... antes de irme.
16. (Querer, yo) .... un kilo de naranjas y medio kilo de tomates.
17. (Deber, tú) .... fumar y beber menos.
18. Nosotros, en vuestro lugar, (ir) .... en coche, pero (salir, nosotros) .... media hora antes porque hay mucho tráfico.
19. ¿Crees que habrá suficientes entradas? – No lo sé. (Llamar, yo) .... al teatro.
20. ¿Tú qué te (poner) ....? – (Llevar, yo) .... un vestido negro.
21. ¿No me ha arreglado el coche? Me dijo que (estar, él) .... para hoy.
22. Carmen no (viajar) .... por el mundo sola.
23. ¿Os (gustar) .... vivir sin trabajar?
24. No me gusta el escritorio al lado de la ventana. Yo que tú, lo (poner) .... allí.
25. Yo, en vuestro lugar, (limpiar) .... la casa para no enfadar a los padres.
26. Les (agradecer, yo) .... si me escribieran ustedes lo antes posible.
27. Le (decir, ellos) .... la verdad si su madre no se enfadara.
28. Tú que yo, ¿qué le (regalar, tú) .... a mi padre?

© VERITAS-Verlag, Linz. DURCHSTARTEN – SPANISCH GRAMMATIK ÜBUNGSBUCH. Alle Rechte vorbehalten

155 Übersetze:

1. Was würdest du ohne mich machen?
2. Würde es dir etwas ausmachen, mir eine Zeitung mitzubringen?
3. Kinder, könntet ihr bitte den Tisch decken?
4. Würden Sie auch in Spanien arbeiten?
5. Was hättest du an meiner Stelle gemacht?
6. Hättest du gerne ein Haus an der Küste?
7. Könntet ihr ohne Geld leben?
8. Ich bin sicher, dass du auch nervös geworden wärest.
9. An deiner Stelle hätte ich mir eine größere Wohnung gekauft.
10. An eurer Stelle würde ich die Hausaufgaben vor dem Abendessen machen.
11. Könnten Sie bitte das Fenster schließen?
12. Würden Sie mir bitte Feuer geben?

156 *Una vida en si condicional:* Setze die Infinitive in die entsprechende Form des Konditional:

Si me tocara la lotería, ...

1. hacer un viaje por el mundo
2. comprarme un coche muy deportivo
3. llevar una vida agradable
4. casarme con un/una chico/a muy guapo/a
5. tener todos los problemas resueltos
6. celebrar una gran fiesta
7. no trabajar nunca más
8. conocer a personas interesantes
9. alquilar un castillo en España
10. no ahorrar tanto como ahora
11. ayudar a la gente pobre
12. vivir en una casa grande
13. gastar mi dinero en viajes
14. beber unas copas de champán
15. regalarles a mis padres una casa bonita
16. comprarme muchos libros.

Si yo fuera jefe/a, ...

17. elogiar mucho a mis empleados
18. exigir poco
19. tener capacidad de organización
20. no tomar una decisión sin discutirla
21. nunca gritar
22. tener capacidad de convencer
23. no burlarme de nadie
24. escuchar a los demás
25. tener autoridad
26. ser responsable y comprensivo/a
27. invitar a mis empleados a cenar
28. tener mucha paciencia
29. no criticar nunca
30. no pedirles horas extras a mis empleados
31. hacer viajes de negocios
32. tener horario flexible
33. identificarme con la empresa
34. tener una visión del futuro
35. ser capaz de improvisar
36. hablar varios idiomas

Si nosotros hubiéramos vivido hace cien años en un pueblo pequeño, ...

37. no tener ordenadores
38. ganar poco dinero
39. no cobrar subsidio de desempleo
40. trabajar muchas horas
41. no ir de vacaciones
42. no tomar champán
43. no vestir zapatillas deportivas
44. comer a veces sí y a veces no
45. no llevar vaqueros
46. no ir en coche como hoy día
47. trabajar en el campo
48. levantarse con el sol
49. acostarse muy pronto
50. no tener agua corriente
51. sacar el agua de un pozo
52. no tener luz eléctrica
53. vivir de una forma muy sencilla
54. dormir en sólo una habitación

© VERITAS-Verlag, Linz. DURCHSTARTEN – SPANISCH GRAMMATIK ÜBUNGSBUCH. Alle Rechte vorbehalten

27. Kapitel: Bedingungssätze

Bedingungssätze im Überblick			
***si*-Satz**	**Hauptsatz**	**Bedingung**	
Si ***tengo*** *dinero,* *Si te* ***llaman,*** INDIKATIV PRÄSENS	***voy/iré*** *de vacaciones.* ***díselo.*** INDIKATIV PRÄSENS, FUTUR, IMPERATIV	wahrscheinlich	realer Bedingungssatz
Si ***tuviera*** *dinero,* SUBJUNTIVO IMPERFEKT	***iría*** *de vacaciones.* KONDITIONAL I	unwahrscheinlich	irrealer Bedingungssatz
Si ***hubiera tenido*** *dinero,* SUBJUNTIVO PLUSQUAMPERFEKT	***habría ido*** *de vacaciones.* KONDITIONAL II	unwahrscheinlich und nicht erfüllbar	irrealer Bedingungssatz in der Vergangenheit

Achtung:
Im ***si*-Satz** verwendet man **NIEMALS Subjuntivo Präsens, Subjuntivo Perfekt, Futur** oder **Konditional**!

157 **Hier handelt es sich um reale Bedingungssätze. Wie lauten die entsprechenden Verbformen?**

1. Si no llueve mañana, (hacer, nosotros) .... una excursión.
2. Podemos ir al concierto si (terminar, nosotros) .... a tiempo.
3. Dímelo si Carmen (llamar) ....
4. Si (comer, él) .... tanto, va a engordar.
5. Si no (desayunar, nosotros) .... en casa, tenemos que tomar un café en un bar.
6. Te acompaño si (planchar, tú) .... mis camisetas.
7. No tomes alcohol si (querer, tú) .... escapar de tus problemas.
8. Si (estar, yo) .... cansado, no voy.
9. Si (poder, nosotros) ...., lo haremos.
10. Si (querer, vosotros) .... comprar camisetas y zapatos, tenéis que ir a unos grandes almacenes.
11. No (comer, tú) .... demasiado pan si quieres adelgazar.
12. Tomad unos zumos de fruta si (tener, vosotros) .... sed.
13. Quédate en casa si no (querer, tú) .... salir.
14. Si (tener, ellos) .... suficiente dinero, os pagarán el alquiler.
15. No me (acompañar, tú) .... si tienes miedo.
16. Si (fumar, yo) .... antes de desayunar, me siento mal.
17. Si los alumnos no (entender) .... una palabra nueva, consultan el diccionario.
18. Si no (saber, yo) .... dónde está una calle que busco, pregunto a un policía.
19. Si me (quitar, ellos) .... el bolso en la calle, pongo una denuncia.
20. (Tomar, él) .... un vaso de leche si no puede dormir.
21. Si llegan tarde a la parada, (perder, ellos) .... el autobús.
22. Si (hacer) .... mucho calor, preferimos ir a la playa.
23. Si quieres, te (invitar, nosotros) .... a cenar esta tarde.
24. Si (alquilar, vosotros) .... una casa en el pueblo, os resultará más económico que un hotel en la ciudad.
25. Si tenéis coche, (ser) .... más fácil llegar a tiempo.
26. Si tienes dinero, lo mejor que puedes hacer (ser) .... viajar.

© VERITAS-Verlag, Linz. DURCHSTARTEN – SPANISCH GRAMMATIK ÜBUNGSBUCH. Alle Rechte vorbehalten

158 Hier handelt es sich um irreale Bedingungssätze. Wie lauten nun die entsprechenden Verbformen?

1. Si yo (ser) .... tú, me (comprar, yo) .... un teléfono móvil.
2. Si los hombres (planchar) .... también, las mujeres (tener) .... menos trabajo.
3. Si (hacer, él) .... un viaje, (ir, él) .... a México para ver las pirámides aztecas.
4. Si (poner, ellas) .... un negocio, (abrir, ellas) .... una boutique de moda para jóvenes.
5. Si (vivir, nosotros) .... en el campo, (tener, nosotros) .... dos perros grandes.
6. Si me (tocar) .... la lotería, (vender, yo) .... mi piso y (comprarme, yo) .... una casa grande.
7. Si (trabajar, nosotros) .... y (ganar, nosotros) .... bastante dinero, (enviar, nosotros) .... dinero a los países pobres en África.
8. Si (hablar, él) .... con su novia, (saber, él) .... la verdad.
9. Si no te (pagar, ellos) ...., te (prestar, yo) .... el dinero.
10. Si no (ponerse, nosotros) .... de acuerdo, no (conseguir, nosotros) .... nada.
11. Si (tener, nosotros) .... más tiempo, (quedarse, nosotros) .... todo el verano.
12. Si la tortilla no me (gustar) ...., se lo (decir, yo) .... al camarero y (pedir, yo) .... otra.
13. Si (gastar, ellos) .... todo el dinero, no (poder, ellos) .... comprarse un ordenador nuevo.
14. Si (querer, yo) .... pasar mis vacaciones en Cuba, (deber, yo) .... ahorrar un poco más.
15. Si no (fumar, él) .... tantos cigarrillos, (correr, él) .... el maratón.
16. Si (practicar, nosotros) .... más, (hablar, nosotros) .... mejor.

159 Hier handelt es sich um irreale Bedingungssätze in der Vergangenheit. Wie lauten nun diese Verbformen?

1. Mis amigos españoles (venir) .... a Viena a vernos si (tener, ellos) .... más días de vacaciones.
2. Si lo (saber, yo) ...., te lo (decir, yo) ....
3. Si (estar, nosotros) .... en tu lugar, (hacer, nosotros) .... lo mismo.
4. Todo (salir) .... mejor si (organizar, vosotros) .... el viaje a la selva de Ecuador.
5. No (saber, él) .... qué hacer si tú no (estar) .... allí.
6. (Ir, nosotros) .... a la fiesta si (tener, nosotros) .... unas invitaciones.

 © VERITAS-Verlag, Linz. DURCHSTARTEN – SPANISCH GRAMMATIK ÜBUNGSBUCH. Alle Rechte vorbehalten

7. No (salir, yo) .... si me (llamar, tú) .... por teléfono unas horas antes.
8. Os (visitar, nosotros) .... si (saber, nosotros) .... que teníais aquel problema.
9. Si (ir, yo) .... a tu casa, ¿me (enseñar, tú) .... a preparar una tortilla española?
10. Si (llegar, tú) .... a las cinco en punto, lo (ver, tú) .... hablando en las noticias.
11. Si (hablar, él) .... más con su mujer, (comprender, él) .... mejor su decisión.
12. No (tener, ella) .... esos dolores de cabeza si (consultar) .... un médico a tiempo.
13. Si les (explicar, tú) .... la situación sin dar rodeos, (reaccionar, ellos) .... de otra forma.
14. Si (terminar, ellos) .... las obras con rapidez, (poder, nosotros) .... instalarnos en la casa antes.
15. Si (ir, nosotros) .... a su casa, nuestra abuela no (pasar) .... sola el fin de semana.
16. Si no (llevar, ella) .... su perrito en el bolso, el carterista (robar) .... su monedero.
17. Si (ganar, nosotros) .... más dinero, (poder, nosotros) .... comprar aquella casa tan bonita en la playa.

160 Ordne folgende Wörter zu korrekten Fragesätzen:

1. ¿supieras / qué / si / que / harías / mundo / el / pronto / acabará?
2. ¿mereces / qué / te / te / no / que / que / dieran / si / premio / harías / un / crees / tú?
3. ¿harías / televisión / no / hubiera / qué / si?
4. ¿carácter / de / lo / tu / que / qué / si / cambiar / cambiarías / pudieras / quisieras?
5. ¿la / estuviéramos / Media / si / Edad / en / viviríamos / dónde?
6. ¿pudieras / qué / por / dormir / harías / yo / que / tú / si / noche / no / la?
7. ¿tiempo / amigos / si / haríais / para / tuvierais / no / mucho / los / qué?
8. ¿deporte / regularmente / si / llevar / vida / quisieras / una / practicarías / sana?

161 Suche nun die passende Antwort auf die Fragen aus Übung 160:

a. Yo que tú tomaría un vaso de leche caliente.
b. Leería más libros y periódicos.
c. No trabajaríamos tanto como vosotros.
d. Pasaría unas vacaciones en una isla tropical.
e. Hombre, que sí, haría yoga por la mañana.
f. Cambiaría mi pereza.
g. Viviríamos en un castillo precioso.
h. Me alegraría mucho e invitaría al jurado a tomar una copa de champán.

© VERITAS-Verlag, Linz. DURCHSTARTEN – SPANISCH GRAMMATIK ÜBUNGSBUCH. Alle Rechte vorbehalten

162 Verwandle die Sätze wie im Beispiel:

Modelo: *No lo sabíamos y por eso no te lo dijimos.* ▶ *Si lo hubiéramos sabido, te lo habríamos dicho.*

1. No nos quedamos en el hotel porque era demasiado caro.
2. No tenía tiempo, por eso no pude ir a buscarte a la estación de trenes.
3. No se van de vacaciones porque no tienen bastante dinero.
4. Se olvidó de su tarjeta de crédito y por eso no pudo comprarle el collar de diamantes a su mujer.
5. Hace frío y por eso no van a la playa.
6. Sus padres no les dan dinero para pequeños gastos personales y por eso sus hijos tienen que preguntárselo a sus abuelos.
7. No encontraron hotel y por eso trasnocharon en su coche.
8. Carmen no tiene vacaciones y por eso se queda en casa.
9. No fuimos al concierto de Manu Chao porque no había entradas.
10. No salí aquella noche porque tenía mucho que estudiar.
11. Creo que mi madre no me compra un móvil nuevo porque no se lo pido.
12. Como no hace frío, no me pongo mi bufanda.
13. No llevo dinero y por eso no puedo comprarte este ramo de flores tan bonito.
14. Como Carlos no contesta mis correos electrónicos, yo tampoco le escribo.
15. Han llegado tarde porque han perdido el autobús.
16. La chica no ha estudiado bastante y por eso ha suspendido el examen final.
17. No tengo ganas de celebrar mi cumpleaños y por eso no abro la botella de champán.
18. En otoño vamos a Madrid y por eso vamos a ver a nuestra amiga Sara.
19. He terminado mi trabajo y por eso puedo acompañarte al cine.
20. No tenéis coche y por eso tenéis que coger el tren.
21. No hizo la excursión a la selva porque estaba enfermo.
22. Mi mejor amigo estaba muy cansado y por eso chocó con su moto contra el árbol.
23. No me dijiste nada y por eso no te llamé por teléfono.
24. Le ayudamos porque nos pidió ayuda.
25. No me ha tocado la lotería y por eso no me compro un Ferrari.
26. No soy un famoso cantante de ópera y por eso no actúo en el Teatro Real de Madrid.

163 Ein berühmter spanischer Liebhaber ist gesucht! Wie heißt er?

1. Si .... llegado por la mañana, lo habrías visto.
   (A) había *(D) hubieras* *(C) habrías* *(P) hubierais*
2. Si .... una promesa, siempre la cumplo.
   (O) hago *(I) hacía* *(N) hiciera* *(E) haga*
3. Si .... más tarde, iríamos.
   (B) sea *(C) es* *(N) fuera* *(V) era*
4. Si .... más, habrías engordado.
   (A) habías comido *(S) habrías comido* *(J) hubieras comido* *(I) hubierais comido*
5. Si .... fuerza de voluntad, podríamos conseguirlo.
   (S) tenemos *(A) tuvimos* *(U) tuviéramos* *(D) teníamos*
6. Si me .... otra vez, me enfadaré.
   (N) mentías *(A) mientes* *(S) mintieras* *(O) mientas*
7. Si .... más, tendréis más éxito.
   (O) trabajarais *(N) trabajáis* *(C) trabajasteis* *(M) trabajabais*

La solución es:

_ _ _   _ _ _ _
1 2 3   4 5 6 7

 © VERITAS-Verlag, Linz. DURCHSTARTEN – SPANISCH GRAMMATIK ÜBUNGSBUCH. Alle Rechte vorbehalten

28. KAPITEL: Indirekte Rede

Im Spanischen verwendet man in der indirekten Rede immer den **Indikativ**. Die einzige Ausnahme ist der indirekte **Befehl**, der mit dem Subjuntivo wiedergegeben wird. Bei der Bildung der indirekten Rede ist die Zeit des Verbs im Hauptsatz entscheidend:

1. Hauptsatz in einer Zeit der Gegenwart

Stehen im Hauptsatz der indirekten Rede **Präsens**, **Perfekt**, **Futur** oder **Konditional I**, ändert sich die Zeit des ursprünglichen Satzes („direkte Rede") im Nebensatz nicht:

Direkte Rede		Indirekte Rede
Ana dice:	►	***Ana dice / ha dicho / dirá / diría ...***
*"Yo **veo / he visto / ...** la tele."*		*... que **ve / ha visto / ...** la tele.*

2. Hauptsatz in einer Zeit der Vergangenheit

Stehen im Hauptsatz der indirekten Rede **Indefinido**, **Imperfekt** oder **Plusquamperfekt**, kommt es zu einer Verschiebung der Zeiten:

Direkte Rede		Indirekte Rede
presente		*imperfecto*
perfecto		*pluscuamperfecto*
indefinido	►	*indefinido, pluscuamperfecto*
futuro		*condicional simple*
futuro perfecto		*condicional compuesto*

Imperfekt, **Plusquamperfekt** und **Konditional** verändern sich in der indirekten Rede nicht!

Achtung: Bei der Umwandlung der direkten in die indirekte Rede verändern sich auch die Pronomen!

3. Indirekte Befehle

Direkte Rede		Indirekte Rede
La madre dice:	►	***La madre le dice (dijo) ...***
*"¡**Haz** la cama!"*		*... que **haga (hiciera)** la cama.*

4. Indirekte Fragen

Paco pregunta: "¿Vais a la fiesta?" ► *Paco quería saber* ***si*** (= **ob**) *íbamos a la fiesta.*
*Paco pregunta: "¿**De dónde** eres?"* ► *Paco quería saber* ***de dónde*** *era.*

164 Wandle folgende Aussagen in die indirekte Rede um:

1. "Hoy no vamos a clase."

   Me han dicho que ....

   Me dijeron que ....

2. "No iré a tu fiesta de cumpleaños."

   Me dice que ....

   Me dijo que ....

3. "Me gusta mucho la música clásica."

   Me ha dicho que ....

   Me dijo que ....

4. "No sé exactamente qué día es la fiesta."

   Me dice que ....

   Me dijo que ....

5. "Yo que tú no lo haría."

   Me ha dicho que ....

   Me dijo que ....

© VERITAS-Verlag, Linz. DURCHSTARTEN – SPANISCH GRAMMATIK ÜBUNGSBUCH. Alle Rechte vorbehalten

6. "Algún día los hombres y las mujeres serán iguales."
   Me dice que ....
   Me dijo que ....
7. "Tenemos tanto trabajo que no sabemos por dónde empezar."
   Me dicen que ....
   Me dijeron que ....
8. "Cuando llegué al cine, la película ya había empezado."
   Me dice que ....
   Me dijo que ....
9. "Por la tarde mi hermano y yo jugamos a la pelota y vemos la televisión."
   Me han dicho que ....
   Me dijeron que ....
10. "Hemos hablado con él por teléfono."
   Me dicen que ....
   Me dijeron que ....
11. "Te daré el libro cuando vaya a verte."
   Me ha dicho que ....
   Me dijo que ....
12. "Voy en tren aunque tengo coche."
   Me dice que ....
   Me dijo que ....
13. "Cuando tengamos tiempo, os escribiremos."
   Nos dicen que ....
   Nos dijeron que ....

165 Wandle folgende Befehle in die indirekte Rede um:

1. "¡No salgas con este chico, es muy malo!"
   La madre prohibió que ....
2. "¡No trabaje tanto, lo puede matar!"
   El médico me recomendó que ....
3. "¡Ayúdame, por favor!"
   Él le pidió que ....
4. "¡Córtate el pelo, si no te lo harán en la mili!"
   El padre le aconsejó que ....
5. "¡No comáis más caramelos, ya os he preparado la cena!"
   La madre les prohibió que ....
6. "¡Compraros un diccionario de español, es imprescindible!"
   El profesor les aconsejó que ....

166 Carmen war gestern bei einem Bewerbungsgespräch. Gib die Fragen, die ihr gestellt wurden, in der indirekten Rede wieder:

1. "¿Cuál ha sido su mayor éxito?" ▶ *Le preguntaron* ....
2. "¿Cuáles son sus puntos fuertes?" ▶ ....
3. "¿Qué hace en su tiempo libre?" ▶ ....

 © VERITAS-Verlag, Linz. DURCHSTARTEN – SPANISCH GRAMMATIK ÜBUNGSBUCH. Alle Rechte vorbehalten

4. "¿Tiene hijos o piensa tenerlos?" ▶ ....
5. "¿Dónde se ve usted dentro de 10 años?" ▶ ....
6. "¿Le gusta leer libros?" ▶ ....
7. "¿Nos puede recomendar uno?" ▶ ....
8. "¿Está dispuesta a viajar?" ▶ ....
9. "¿Cuántos idiomas domina usted?" ▶ ....
10. "¿Por qué es usted la candidata ideal?" ▶ ....
11. "¿Qué hace en situaciones de máximo estrés?" ▶ ....
12. "¿Cuánto cree que debe ganar?" ▶ ....
13. "¿Sabe usted algo de nuestra empresa?" ▶ ....
14. "¿Es usted capaz de dirigir un equipo?" ▶ ....
15. "¿Tiene flexibilidad?" ▶ ....
16. "¿Es usted optimista?" ▶ ....

167 Wie heißen die folgenden Sätze in der direkten Rede?

1. Mis amigos me dijeron que les gustaba esta obra de teatro.
2. Carlos me dijo que se había roto su pierna esquiando en los Pirineos.
3. Nos dijo que así nunca nos tocaría el gordo.
4. Me preguntó si quería ir al concierto con ella esa noche.
5. El camarero quería saber qué deseábamos.
6. Carmen nos comentó que tenía ganas de volver a vernos.
7. Michael nos contó que todos los fines de semana Nuria prestaba un montón de películas alemanas y las veía en casa sin salir.
8. El profesor les pidió a sus alumnos que no tocaran el proyector para no romperlo.
9. El médico me recomendó que no fumara tanto.

168 Carlos hat auf seinem Anrufbeantworter einige Nachrichten gefunden, die er aufschreibt, damit er nichts vergisst. Hilf ihm! Unterstreiche vorher alle Elemente, die du in der indirekten Rede verändern musst. Fasse die Nachrichten zusammen: Was sagen / wollen die Anrufer?

1. [*Piiip.*] Hola, soy Carmen. Espero que te acuerdes de que hoy es mi cumple. Estoy deseando verte para celebrarlo juntos. ¿Me has preparado alguna sorpresa? He quedado con una amiga para comer. Sé que no te cae muy bien, por eso voy sola. Lo que voy a hacer es inventarme algo para que pueda escaparme pronto. Llámame, que llevo mi móvil. Te quiero. Adiós. [*Clic.*]
2. [*Piiip.*] Carlos, soy tu madre. Sólo quiero decirte que ya he encontrado tu maleta y que si no has comido que puedes venir a comer a casa. Y ya no te digo nada más, que parezco tonta, hablando con esta máquina. [*Clic.*]
3. [*Piiip.*] ¡Carlos, ponte! Soy Félix. ¿No estás? No sé si oirás algo, estoy en el metro y el ruido es insoportable. Estoy muy preocupado. Es por Carmen. Te llamaré más tarde. [*Clic.*]
4. [*Piiip.*] ¿Carlos? He quedado con mi amiga para comer y aún no ha aparecido. Si por casualidad llama, dile que la estoy esperando en el bar de la esquina. Ah, soy Carmen. [*Clic.*]
5. [*Piiip.*] Buenas tardes, le llamo de la floristería. Que ya tiene aquí su ramo de rosas. Puede pasar a recogerlo cuando quiera. Ha habido un pequeño problema con el color. Tendrá que ser amarillo. Espero que sepa disculparlo. [*Clic.*]
6. [*Piiip.*] Hola, soy la amiga de Carmen. ¿Sabes dónde me está esperando? Es que sólo he llegado diez minutos tarde y ya no está en el bar. ¡Qué pesada es! Cada día está más histérica. Si llama, dile que me llame. Ahora me voy a casa. [*Clic.*]
7. [*Piiip.*] Hola, soy Félix otra vez. ¿Me puedes oír? He encontrado a Carmen. Me ha dicho que su amiga Yolanda cada día está más rara. No ha venido al bar de la esquina, por eso nos vamos al cine. ¿Quieres acompañarnos? Escríbeme un SMS si puedes. Además, ¿sabes que hoy es su cumple? Hasta ahora. [*Clic.*]

© VERITAS-Verlag, Linz. DURCHSTARTEN – SPANISCH GRAMMATIK ÜBUNGSBUCH. Alle Rechte vorbehalten

29. KAPITEL: Passiv

1. Bildung des Passiv

Las chicas	*organizan*	*la fiesta.*
Subjekt	Zeitwort im Präsens	direktes Objekt
La fiesta	*es organizada*	*por las chicas.*
Passivsubjekt	Zeitwort im Präsens	Urheber

Das Objekt des Aktivsatzes wird zum Subjekt des Passivsatzes, das Subjekt zum Urheber. Das Verb steht in derselben Zeit wie im Aktivsatz, das Partizip Perfekt wird mit dem Subjekt des Passivsatzes übereingestimmt.

Achtung: Das Passiv verwendet man nur für Verben, die ein direktes Objekt (= Objekt im 4. Fall) bei sich haben!

2. Gebrauch des Passiv

Vorgangspassiv	Zustandspassiv
La puerta ***es cerrada*** *por el conserje.* → **Vorgang**	*La puerta* ***está cerrada.*** → **Zustand**

3. Ersatzformen für das Passiv

- **Aktivform:** *América* ***fue descubierta*** *por Cristóbal Colón.* → *Cristóbal Colón* ***descubrió*** *América.*
- **unpersönliches *se* + 3. Person des Verbs:** ***Se hablan*** *alemán e inglés.*
- **Verb in der 3. Person Plural („man"):** *En este hotel* ***hablan*** *español.*
- ***uno*** **(„man"):** ***Uno*** *no sabe qué hacer en esta situación.*
- ***uno*** **bei reflexiven Verben:** ***Uno*** *se pregunta si todo esto es necesario.*

169 Bilde Passiv-Sätze:

Modelo: *La Casa Milá / construir / Gaudí* ▶ *La Casa Milá fue construida por Gaudí.*

1. La película "Mar adentro" / dirigir / Alejandro Amenábar
2. La novela "Don Quijote" / escribir / Miguel de Cervantes
3. El vals "El Danubio azul" / componer / Johann Strauß
4. El acueducto de Segovia / construir / los romanos
5. El cuadro "Las Meninas" / pintar / Velázquez
6. Las bombillas / inventar / Edison
7. Desdemona / matar / Otelo
8. El papel de James Bond / representar / Roger Moore
9. La canción "Hijo de la luna" / cantar / Mecano
10. La luna / pisar / Neil Armstrong / por primera vez
11. El emperador Moctezuma / vencer / Hernán Cortés
12. Rusia / gobernar / los zares

170 Verwandle folgende Aktiv-Sätze ins Passiv:

1. El alcalde inauguró la exposición.
2. Esa postal la escribieron mis hijos.
3. Carmen solucionará tus problemas.
4. El fuego ha destruido la biblioteca.
5. Este perro muerde al niño.
6. La madre tiene miedo de que un coche atropelle a su hijo.

© VERITAS-Verlag, Linz. DURCHSTARTEN – SPANISCH GRAMMATIK ÜBUNGSBUCH. Alle Rechte vorbehalten

7. La cocinera prepara la tortilla.
8. El chico limpia la habitación.
9. El padre despierta a los hijos.
10. La secretaria reservará una mesa en este restaurante.
11. El ministro había firmado el contrato.
12. La empresa siempre entregaba la mercancía a tiempo.
13. La mujer tuvo miedo de que la oveja de su vecina comiera las flores.
14. Mañana los alumnos escribirán el examen de español.
15. El cartero ha entregado el paquete esta mañana.
16. Los ciudadanos recibieron al rey con gran pompa.
17. El crítico vio esta obra de teatro.
18. Mis abuelos fundaron la empresa en el año 1950.
19. El carterista robó el maletín de esta señora.
20. La policía ha disuelto la manifestación enseguida.

171 Ergänze die Nachrichten mit der entsprechenden Form von *ser* und dem Partizip eines der folgenden Verben:

aplazar – entregar – condenar – detener – trasladar – inaugurar – premiar – traducir

1. Ayer los terroristas .... a veinte años de prisión.
2. Hoy .... en Barcelona la séptima Feria Internacional de Empresas Simuladas.
3. Todas las novelas policíacas de Manuel Vázquez Montalbán .... a varios idiomas.
4. La semana que viene .... en Estocolmo el premio Nobel de literatura.
5. Esta tarde la fiesta .... una semana a causa del mal tiempo.
6. Hace tres días una banda de carteristas .... por un comando especial de la Policía Nacional.
7. Este año no .... ninguna película española en Los Ángeles.
8. El embajador austríaco .... a otra ciudad.

172 Bilde von folgenden Sätzen das Zustandspassiv:

1. Carlos abre la botella. ► ....
2. La abuela vende su casa. ► ....
3. El empleado cierra la tienda. ► ....
4. El cocinero pela los tomates. ► ....
5. Los chicos escriben una carta. ► ....
6. Un huracán destruye todo el pueblo. ► ....
7. La pareja alquila un piso. ► ....
8. Los chicos manchan sus libros. ► ....
9. Los alumnos rompen el cristal. ► ....
10. Mi hermana hace su maleta. ► ....
11. Carmen arregla su bicicleta. ► ....
12. Carlos almacena sus documentos en un disquete. ► ....
13. Pagamos la cuenta. ► ....
14. La policía detiene al ladrón. ► ....

© VERITAS-Verlag, Linz. DURCHSTARTEN – SPANISCH GRAMMATIK ÜBUNGSBUCH. Alle Rechte vorbehalten

173 Ergänze das folgende Rezept mit den passenden Verben aus dem Kasten. Verwende dafür die unpersönliche Form mit *se*:

cortar – cerrar – tostar – poner – cubrir – aplastar – desmigajar – cortar – pelar – extender

Sándwich de lechuga, tomate y roquefort

Ingredientes para cuatro sándwiches:

- 8 rebanadas de pan de molde
- 4 tomates
- queso roquefort
- restos de pollo asado (opcional)
- unas hojas de lechuga

(1.) .... ligeramente el pan. (2.) .... y (3.) .... en cuadraditos pequeños los tomates. (4.) .... el roquefort y (5.) .... sobre cuatro rebanadas de pan. Encima (6.) .... los cuadraditos de tomate y (si hubiera) el picadillo de pollo asado. (7.) .... el conjunto con una hoja de lechuga. (8.) .... los sándwiches con las otras cuatro rebanadas y (9.) .... un poco con algo plano y pesado. (10.) .... en dos triángulos antes de servir.

174 Wiederhole die folgenden Sätze, indem du die unpersönliche Form mit *se* verwendest:

Modelo: *Pagan las facturas.* ▶ *Las facturas se pagan.*

1. Regaron las plantas. ▶ ....
2. Fregaron los platos. ▶ ....
3. Resuelven los problemas. ▶ ....
4. Sirven la cena a las nueve en punto. ▶ ....
5. Venden coches de segunda mano. ▶ ....
6. En esta tienda no cambian billetes de 200 euros. ▶ ....
7. Examinan los pasaportes. ▶ ....
8. Han leído los libros. ▶ ....
9. Subirán los impuestos. ▶ ....
10. Prohíben pisar el césped. ▶ ....
11. Permiten el medicamento en Europa. ▶ ....
12. Antes alquilaban habitaciones. ▶ ....

175 Unterstreiche die richtige Verbform. In einigen Sätzen sind beide Formen möglich:

1. Esta postal **fue escrita / se escribió** por mis hijos.
2. En este hotel **es servida / se sirve** la cena a las ocho.
3. Esa canción **ha sido cantada / se ha cantado** en la radio.
4. En Austria no **son leídos / se leen** muchos libros españoles.
5. Las patatas **serán peladas / se pelarán** por el cocinero.
6. El informe **fue enviado / se envió** por el jefe del departamento.
7. **Han sido regalados / se han regalado** claveles blancos a la actriz.
8. El Óscar **es entregado / se entrega** esta noche.
9. Aquel torero **había sido cogido / se había cogido** varias veces por el toro.
10. El ordenador **fue inventado / se inventó** en el siglo pasado.
11. El motor de mi coche **es revisado / se revisa** con mucho cuidado.
12. Esas casas **fueron construidas / se construyeron** hace 10 años.

 © VERITAS-Verlag, Linz. DURCHSTARTEN – SPANISCH GRAMMATIK ÜBUNGSBUCH. Alle Rechte vorbehalten

30. KAPITEL: Personalpronomen

1. Personalpronomen im Überblick

Subjekt-pronomen	Direktes Objekt-pronomen	Indirektes Objekt-pronomen	Reflexiv-pronomen	Reihenfolge der Pronomen im Satz	Betonte Objektpronomen	
yo ich	*me* mich	*me* mir	*me* mich	*me*	*a mí*	*conmigo* mit mir
tú du	*te* dich	*te* dir	*te* dich	*te*	*a ti*	*contigo* mit dir
él, ella er, sie	*lo (le), la* ihn, sie, es	*le* ihm, ihr	*se* sich	*se*	*a él, ella, usted*	*consigo* mit sich
usted Sie	*lo, la* Sie	*le* Ihnen		*lo* *la* *los* *las*		
nosotros, -as wir	*nos* uns	*nos* uns	*nos* uns	*nos*	*a nosotros, -as*	
vosotros, -as ihr	*os* euch	*os* euch	*os* euch	*os*	*a vosotros, -as*	
ellos, -as sie	*los (les), las* sie	*les* ihnen Ihnen	*se* sich	*se*	*a ellos, -as* *ustedes*	
ustedes Sie	*los, las* Sie					
1. Fall	**4. Fall**	**3. Fall**	**Rückbezügliche Fürwörter**	**3. Fall vor dem 4. Fall**	**nach Vorwörtern wie *a, de, para, sin,* etc.**	

2. Zusammentreffen von zwei unbetonten Objektpronomen (3. und 4. Fall) im gleichen Satz

- Treffen zwei Objektpronomen in einem Satz zusammen, so steht das **indirekte Pronomen** (= Person im 3. Fall) **immer vor** dem **direkten Pronomen** (= Sache im 4. Fall):
  *¿**Te** ha enseñado **las fotos?** – Sí, **me las** ha enseñado.*
- Indirektes und direktes Pronomen sind außerdem untrennbar: ***Te lo** he dicho mil veces.*
- Folgt ein direktes Objektpronomen der 3. Person (***lo/la, los/las***) unmittelbar auf ein indirektes Objektpronomen der 3. Person (***le/les***), werden ***le*** und ***les*** durch ***se*** ersetzt:
  ~~Le/les~~ + lo/la, los/las* ▸ *se + lo/la, los/las

3. Stellung der unbetonten Objektpronomen

In der Regel stehen die Objektpronomen immer direkt **vor** dem **konjugierten Verb** (= Personalform).
Die Pronomen **müssen angehängt werden** an:

- den **bejahten Imperativ**: *¡Cuéntamelo!*
- die **Nennform** eines Verbs, wenn sie allein steht: *Me apunto tu teléfono para llamar**te**.*

Die Pronomen **können** angehängt werden an:

- die **Nennform**, wenn davor ein **Modalverb** steht: *Este hotel es muy barato, **te lo** puedo recomendar.*
  Oder: *Este hotel es muy barato, puedo recomendártelo.*
- die **Verlaufsform** (= *gerundio*): ***Lo** está explicando*. Oder: *Está explicándo**lo**.*

4. *Gustar, encantar, molestar, interesar*

Diese Verben werden mit den indirekten Objektpronomen (= 3. Fall) verwendet:

		3. P. Ez.	Infinitiv, Nomen Ez.
(A mí) *(A ti)* *(A él, ella, usted)*	***me*** ***te*** ***le***	***gusta*** ***encanta***	***cantar*** ***la música***
		3. P. Mz.	**Nomen Mz.**
(A nosotros, -as) *(A vosotros, -as)* *(A ellos, -as, ustedes)*	***nos*** ***os*** ***les***	***gustan*** ***encantan***	***los instrumentos***

© VERITAS-Verlag, Linz. DURCHSTARTEN – SPANISCH GRAMMATIK ÜBUNGSBUCH. Alle Rechte vorbehalten

176 Verbinde die Subjektpronomen mit den dazugehörigen Verben:

a) yo b) tú c) él, ella, usted d) nosotros, -as e) vosotros, -as f) ellos, -as, ustedes

1. como
2. hizo
3. tenía
4. arreglaste
5. engordamos
6. bebiera
7. durmieron
8. esté
9. quisiéramos
10. llegarán
11. pide
12. puse
13. quepan
14. duerma
15. os divertís
16. huele
17. oigo
18. compraron
19. hablasteis
20. fuimos
21. fue
22. viva
23. ladran
24. tomabais
25. habría hecho
26. hubieran sido
27. salís
28. te levantas

177 Ersetze die unterstrichenen Wörter durch die entsprechenden Objektpronomen:

1. Ha comprado un ramo de flores.
2. Vimos a Carmen.
3. El cartero me entregó dos paquetes.
4. No quiere cerrar la puerta.
5. ¿Podría abrir la ventana?
6. Han hecho los ejercicios.
7. Compramos un ordenador portátil.
8. Suelo leer los periódicos digitales.
9. Mi padre lava nuestro coche.
10. Mi hermano limpia su habitación.
11. Nuestra madre prepara la cena.
12. Yo pongo la mesa.
13. Mañana tendré que hacer las maletas.
14. Los alumnos pasan a máquina las tareas.
15. ¿Has visto esa película de horror?
16. Espero a mi hermana.
17. Recomienda las chuletas de cordero.
18. Voy a tomar fresas.
19. Carlos sabe bailar el tango.
20. Por la tarde duermo la siesta.
21. Paloma tiene que arreglar el televisor.
22. Los padres eligen un colegio para su hija.
23. Cogen un taxi.
24. Van a comer pollo asado.
25. Hoy he dado unas clases de español.
26. Nuria enseña la ciudad a Michael.
27. Debemos comer las galletas.
28. Invitaremos a Carlos.
29. Encendió la calefacción.
30. Ha comprado dos billetes de ida y vuelta.
31. Lleva sus pantalones rojos.
32. Vamos a ver a nuestros profesores.
33. Vais a coger las bicicletas.
34. Hizo unas fotos.
35. ¿Conoces a mis amigas?
36. No ha cogido el paraguas.
37. No conozco a mi vecina.
38. Cuida a sus abuelos.
39. Traigo el reloj.
40. Los domingos visitábamos a mi abuela.
41. Quiero mucho a mis padres.
42. Siempre olvida su carpeta.
43. Ayer no encontró sus gafas de sol.
44. Quiero que mi mujer haga la compra.
45. Carmen observa a sus amigas.
46. ¿Elegimos un plato para compartir?
47. La profesora corregirá los errores.
48. Pronto realizáis otras actividades.
49. ¿Has comprado las entradas?
50. Estoy escuchando la radio.

178 Ersetze die unterstrichenen Nomen bzw. Namen durch das entsprechende indirekte Objektpronomen:

1. Hemos comprado unos DVDs a nuestros padres.
2. Nuria enseña Madrid a Michael.
3. Recomendaron el Museo de Arte Reina Sofía a los turistas.
4. La profesora explicó los pronombres personales a sus alumnos.
5. He prestado los libros a Carmen y a Paloma.
6. Carlos envió un e-mail a sus amigos.
7. Preguntan el horario a la vendedora.

 © VERITAS-Verlag, Linz. DURCHSTARTEN – SPANISCH GRAMMATIK ÜBUNGSBUCH. Alle Rechte vorbehalten

8. La secretaria dará el informe a su jefe.
9. Vendí mi coche a la Srta. Domínguez.
10. Hemos escrito una postal a nuestros compañeros de clase.
11. Traje dulces a los niños indígenas.
12. He pagado la multa al policía.

179 In dieser Geschichte fehlen die Pronomen. Ergänze sie an der passenden Stelle:

ellas – a mí – lo – me (9x) – yo (2x) – se (4x) – le (3x) – él

Soñé que (1.) .... era un globo. Un día (2.) .... compró un niño que (3.) .... llamaba Carlitos. Luego (4.) .... dijo a su madre: "Mamá, ¿puedo ir a jugar con el globo?" La madre (5.) .... dijo que sí. De repente vino un viento muy fuerte, muy fuerte, y el hilo (6.) .... (7.) .... escapó de la mano y el viento (8.) .... llevó hacia las montañas. Luego (9.) .... caí y fui a parar en medio de la nieve y no podía salir, porque mi hilo (10.) .... había enganchado en un pequeño árbol. Entonces un niño que estaba esquiando (11.) .... vio, (12.) .... paró frente (13.) ....y pensó: "¿De dónde habrá salido este globo? (14.) .... llevaré a casa." Pero (15.) .... le grité: "¡Déja (16.) ...., déja (17.) ....!" Y (18.) .... me dijo: "¡Caramba! Un globo que habla." Y salió corriendo. Después (19.) .... encontraron unas niñas. (20.) .... encariñé con (21.) .... y no (22.) .... he vuelto a escapar.

180 Verbinde:

1. Escríbe**selo**.
2. No **lo** pongas en la mesa.
3. ¿**Lo** conoces?
4. **Se la** ha dicho.
5. Pon**la**.
6. **Se lo** he contado a tus abuelos.
7. Está preparándo**los**.
8. No **las** hagas.
9. Dáse**lo** a Carmencita de mi parte.
10. **La** quiero muchísimo.
11. Vamos a comprar**las**.

a. **A Carlos**
b. **Las maletas**
c. **La verdad a su madre**
d. **Que los espero a ellos**
e. **Los postres**
f. **Un beso.**
g. **A mi novia**
h. **Las botellas de vino**
i. **Un e-mail a Carmen**
j. **El libro**
k. **La mesa**

181 Beantworte die Fragen, indem du die entsprechenden direkten und indirekten Objektpronomen verwendest:

1. ¿Le has traído el libro a tu amigo? – Sí, ...
2. ¿Me puede poner dos kilos de plátanos? – Sí, ...
3. ¿Vais a escribirle una postal a Juan? – No, no ....
4. ¿Me recomiendas esta exposición? – No, no ....
5. Papá, ¿me prestas tu coche? – No, no ....
6. ¿Tenéis que hacer vuestras tareas? – Sí, ...
7. ¿Has perdido las tarjetas de crédito? – No, no ....
8. ¿Le regalarás este ramo de flores a tu madre? – Sí, ...
9. Oye, ¿ves a Carlos en este bar? – No, no ....
10. ¿Va usted a comprar la chaqueta esta tarde? – Sí, ...
11. ¿Carmen ha vuelto a perder su cartera? – No, no ....

© VERITAS-Verlag, Linz. DURCHSTARTEN – SPANISCH GRAMMATIK ÜBUNGSBUCH. Alle Rechte vorbehalten

12. ¿Le dejaste tu bicicleta? – Sí, ...
13. ¿Me podría usted llevar los periódicos? – Sí, ...
14. ¿Les prestas las llaves a tus amigas? – No, no ....
15. ¿Te compras los libros? – Sí, ...
16. ¿El camarero no te trajo la cerveza? – No, no ....
17. ¿Les vais a dar la respuesta? – Sí, ...
18. Señorita, ¿me podría devolver el dinero? – Sí, ...
19. ¿Nos enseñáis las fotos de la boda? – Sí, ...
20. ¿Ya habéis visto esta película? – No, todavía no ....

182 Ergänze die betonten Objektpronomen:

1. No se preocupe, señora, los niños están con .... (yo).
2. Estos libros son para .... (tú).
3. Me hablaron muy bien de .... (ellas).
4. Susanita se lleva mal con .... (yo).
5. Les concedemos un descuento a .... (ustedes).
6. No hemos sabido nada de .... (tú) en estos últimos meses.
7. Lo he visto en la calle con .... (tú).
8. Vuestro jefe resolverá el problema con .... (vosotros).
9. Comimos con .... (él) ayer.
10. Suelen reírse de .... (tú).
11. Por .... (yo) no te preocupes.
12. Quisiéramos hablar con .... (tú), no con .... (ella).
13. ¿Me acompañáis? – No, con .... (nosotros) no cuentes.
14. ¿Con quiénes vas a España? – Con .... (ellos).

183 Ändere in den folgenden Sätzen die Stellung der Pronomen:

Modelo: *Las tengo que hacer.* ▶ *Tengo que hacerlas.*

1. La estoy viendo. ▶ ....
2. Os lo podéis comprar mañana. ▶ ....
3. Me están engañando siempre. ▶ ....
4. Se lo tienes que contar cuanto antes. ▶ ....
5. Nos lo iba a decir. ▶ ....
6. Me lo estaban haciendo a toda prisa. ▶ ....
7. Se lo quiero decir yo mismo. ▶ ....
8. Se los tengo que dar enseguida. ▶ ....
9. Lo esperan encontrar. ▶ ....
10. Lo están bailando. ▶ ....

184 Korrigiere die Stellung der Pronomen in diesen Sätzen:

1. Quiero lo comprar ahora mismo.
2. ¿A vosotros os no parece raro?
3. Me gustaría probar ese vestido. – Ahora lo se traigo.

 © VERITAS-Verlag, Linz. DURCHSTARTEN – SPANISCH GRAMMATIK ÜBUNGSBUCH. Alle Rechte vorbehalten

4. ¿Das a Carmen los libros? – Sí, se doy los.
5. ¿Os habéis puesto el abrigo? – No, no hemos puéstonoslo.
6. Me gusta esta chaqueta, la me quiero comprar.
7. Este DVD es interesante, te voy a prestarlo.
8. ¿Le escribo un e-mail a Carlos? – Sí, escríbelose.
9. ¿Explicas me ese plano? – Sí, tranquilo, lo voy a explicárte.
10. ¿Le presto mi coche a mi hijo? – No, no préstesselo.
11. No necesito os decir lo que tenéis que hacer.
12. Quiero comunicárlose antes de que vaya se.
13. Me estaba pidiéndolo muchas veces.
14. Les a todos los alumnos gustan las vacaciones.

185 Übersetze die folgenden Mini-Dialoge:

1. Siehst du mich?	1. ....
Nein, ich sehe dich nicht.	....
Wo ist die Kerze (= *la vela*)? Ich finde sie nicht.	....
Carlos hat sie.	....
2. Nimmst du uns auch mit?	2. ....
Natürlich nehme ich euch mit.	....
Wer hat die Flugtickets?	....
Ich habe sie nicht.	....
Hat sie Carlos?	....
3. Wer hat die Autoschlüssel?	3. ....
Ich sehe sie nicht.	....
Carlos hat sie genommen.	....
Siehst du ihn?	....

186 Ergänze in den folgenden Sätzen die Verben im Präsens und die erforderlichen Personalpronomen:

1. A mí no (gustar) .... estas gafas de sol.
2. Sé que a ustedes (molestar) .... el humo de mi puro.
3. ¿(Interesar) .... a ti la historia española?
4. Hoy (tocar) .... a nosotros pagar la cuenta.
5. A vosotros no (encantar) .... los cuadros de Miró, ¿verdad?
6. A ellos (quedar) .... cinco días para terminar el proyecto.
7. Siempre que bebo demasiado alcohol no (sentir) .... bien.
8. A Carmen y a mí no (convencer) .... sus argumentos.
9. No sueles leer mucho porque a ti (gustar) .... más ver películas.

187 Bringe die Wörter in die richtige Reihenfolge:

1. té / nos / nos / gusta / gusta / a / el / el / nosotros / más / café / no.
2. vacaciones / ir / mí / gustaría / a / me / de.
3. encanta / ellos / a / jugar / les / al / y / tenis / nadar.
4. política / la / interesa / les / no / a / amigos / tus.
5. mí / a / y / encantan / Carlos / los / a / cantautores / nos / españoles.
6. ¿os / la / los / ley / que / qué / parece / nueva / fumar / prohíbe / bares / en?

© VERITAS-Verlag, Linz. DURCHSTARTEN – SPANISCH GRAMMATIK ÜBUNGSBUCH. Alle Rechte vorbehalten

31. KAPITEL: Possessivpronomen und -adjektive

1. Unbetonte Possessivadjektive

Einzahl		Mehrzahl	
mi	mein, meine	*mis*	meine
tu	dein, deine	*tus*	deine
su	sein, seine ihr, ihre Ihr, Ihre	*sus*	seine ihre Ihre
nuestro, -a	unser, unsere	*nuestros, -as*	unsere
vuestro, -a	euer, eure	*vuestros, -as*	eure
su	ihr/ihre ihre Ihr, Ihre	*sus*	ihre ihre Ihre

Die **unbetonten Formen** stehen immer **vor einem Nomen**:
mi *hermana* – meine Schwester.

Sie stimmen in Geschlecht und Zahl mit dem „Besitzobjekt" überein, nicht mit dem „Besitzer":
Vuestras *hijas son muy guapas.*
Eure Töchter sind sehr hübsch.

2. Betonte Possessivadjektive

		1. Person	2. Person	3. Person
Ez.	männl.	*mío*	*tuyo*	*suyo*
	weibl.	*mía*	*tuya*	*suya*
Mz.	männl.	*míos*	*tuyos*	*suyos*
	weibl.	*mías*	*tuyas*	*suyas*
Ez.	männl.	*nuestro*	*vuestro*	*suyo*
	weibl.	*nuestra*	*vuestra*	*suya*
Mz.	männl.	*nuestros*	*vuestros*	*suyos*
	weibl.	*nuestras*	*vuestras*	*suyas*

Die **betonten Formen** stehen immer **hinter einem Nomen**, das von einem Artikel, einem Demonstrativadjektiv oder einem Zahlwort begleitet wird:
una hermana ***mía*** – eine meiner Schwestern.
Wie die unbetonten Formen müssen sie mit ihrem Bezugswort (= „Besitzobjekt") in Geschlecht und Zahl übereinstimmen:
un amigo ***mío*** – einer meiner Freunde.

3. Possessivpronomen

- Die **Formen der Possessivpronomen** entsprechen den **betonten Formen des Possessivadjektivs.** Sie ersetzen ein Nomen, müssen mit diesem in Geschlecht und Zahl übereinstimmen und haben immer den bestimmten Artikel bei sich:
Mi móvil no funciona. ¿Puedo usar ***el tuyo****?*
- In Verbindung mit dem Zeitwort ***ser*** (im Sinne von „gehören") kann der Artikel weggelassen werden:
¿Estos libros son ***(los) vuestros****?*

188 Hier erscheinen die Possessivadjektive auf Deutsch – ersetze sie durch die passenden spanischen Formen:

1. (*Mein*) .... padre es ingeniero.
2. (*Deine*) .... amigas estudian alemán.
3. (*Seine*) .... ventanas dan al patio.
4. Aquí están (*eure*) .... diccionarios.
5. (*Ihr*) .... jardín tiene muchas rosas.
6. Hemos visto a (*unsere*) .... abuelos.
7. ¿Es esa (*Ihr*) .... cama?
8. Ahí están (*unsere*) .... cosas.
9. (*Ihre*) .... bicicletas están delante de la casa.
10. (*Mein*) .... ordenador portátil no funciona.
11. Hoy las chicas no desayunan con (*ihren*) .... padres.
12. No me interesan (*deine*) .... chistes.
13. (*Eure*) .... ideas son muy buenas.
14. Ya han llegado (*Ihre*) .... jefes.
15. (*Seine*) .... negocios van bastante mal.
16. (*Meine*) .... madre vino a verme.

© VERITAS-Verlag, Linz. DURCHSTARTEN – SPANISCH GRAMMATIK ÜBUNGSBUCH. Alle Rechte vorbehalten

17. No tengo (*Ihre*) .... dirección.
18. ¿Me podrías dar (*deine*) .... número de teléfono, por favor?
19. Nos recibe en (*seinem*) .... oficina.
20. Les contaron de (*unseren*) .... problemas.
21. ¿Es verdad que habéis perdido (*eure*) .... documentos?
22. Vengan ustedes con (*Ihren*) .... informes mañana, es que ahora no tengo tiempo.
23. ¿Cómo está (*Ihre*) .... mujer?
24. Le ha regalado un precioso ramo de flores a (*seiner*) .... novia.

189 Ergänze die Körperteile mit den dazugehörenden Possessivadjektiven:

1. Veo con ....
2. Oímos con ....
3. Los chicos y las chicas juegan al fútbol con ....
4. Hueles con ....
5. Come con ....
6. Masticamos con ....
7. Cuando habla usted, ... se mueve dentro de la boca.
8. Carlitos, ¡anda con .... !
9. Los alumnos escriben a máquina con ....
10. Cojo el helado con ....

190 *Crucigrama* – Wie lauten die gesuchten Wörter?

Verticales:

1. el marido de mi hermana
2. el hijo de mi tío
3. la niña de mi hija
4. el padre de mi mujer
6. la mujer de mi hijo
8. la hija de mi madre
9. la abuela de mi madre
11. mi madre de bautismo
12. el marido de mi hija
15. la hermana de mi madre

Horizontales:

5. el hijo de mi hermano
7. la mujer de mi padre
10. el hijo de mi abuelo
13. el padre de mi padre
14. el segundo marido de mi madre
15. el hermano de mi madre
16. la mujer de mi abuelo
17. mi padre de bautismo

© VERITAS-Verlag, Linz. DURCHSTARTEN – SPANISCH GRAMMATIK ÜBUNGSBUCH. Alle Rechte vorbehalten

191 Ergänze die entsprechenden Possessivadjektive und -pronomen:

Modelo: *Mi hermana lleva* ***su*** *carpeta, su madrina* ***la suya****.*

1. Yo vivo en .... habitación, mi hermana en ....
2. Tú vistes .... pantalones nuevos, tu primo ....
3. El tío tiene .... moto en el garaje, tú ....
4. Vosotros dais la fiesta en .... jardín, nosotros en ....
5. Las nietas quedan con .... amigas, vosotras con ....
6. Ustedes van en .... coche, la nuera en ....
7. Mis cuñados apagan .... móviles, yo ....
8. Mi abuelo hace .... maleta, la abuela ....
9. El suegro termina .... trabajos, vosotros ....
10. Usted construye .... casa, mis padres ....

192 Ergänze in den folgenden Sätzen die fehlenden betonten Possessivadjektive und -pronomen:

1. Tus problemas no son .... (de mí).
2. Su profesión es bastante interesante, pero .... (de mí) es más interesante.
3. Cariño .... (de mí), lo que es .... (de mí) es también .... (de ti).
4. Este libro .... (de usted) es un rollo.
5. Vuestro jardín se parece al .... (de nosotros).
6. ¿Son .... (de ustedes) estos documentos?
7. ¡Chicos, esta tarta es .... !
8. Un cuñado .... (de ella) trabaja en la embajada de Austria.
9. Sí, su hijo es inteligente, pero .... (de nosotros) es más inteligente.
10. Si me ayudas un poco más, aquel ordenador portátil será .... (de ti).

193 Übersetze:

1. Meine Freundin schreibt mir jede Woche. – Meine nur, wenn sie daran denkt.
2. In unserem neuen Haus haben wir einen Swimmingpool, wenn ihr wollt, könnt ihr kommen.
3. Habt ihr in eurer Schule auch einen Beamer? – Einen? In unserer gibt es viele.
4. Sag Carmen, dass sie ihr Bruder gerade sucht!
5. Du bist ein Egoist, du denkst nur daran, deine Probleme zu lösen, meine sind dir egal.
6. Und dein Mann? Begleitet er uns nicht? – Nein, er trifft einige seiner Kollegen.
7. Ich habe deine Geschichten satt! Warum hörst du nicht einmal meine an?
8. Diesen Herbst fahren unsere Kinder mit der Schule nach Madrid.

194 Beantworte folgende Fragen, indem du die Possessivpronomen verwendest:

Modelo: *¿De quiénes son estos bolígrafos? (de mí)* ► *Son (los) míos.*

1. ¿De quién es esa maleta? (de usted) ► ....
2. ¿De quiénes son esos cuadernos? (de nosotros) ► ....
3. ¿De quiénes eran las botas? (de ellos) ► ....
4. ¿De quién será el coche? (de ti) ► ....
5. ¿De quién es esta cámara digital? (de vosotras) ► ....

 © VERITAS-Verlag, Linz. DURCHSTARTEN – SPANISCH GRAMMATIK ÜBUNGSBUCH. Alle Rechte vorbehalten

32. KAPITEL: Relativpronomen

- ***QUE*** bezieht sich auf Personen sowie Sachen, kann Subjekt und Objekt sein und ist unveränderlich in Geschlecht und Zahl:
  *Un amigo mío, **que** se llama Jorge, nos ha invitado.* ▸ Subjekt
  *Las camisas, **que** te has comprado, me gustan mucho.* ▸ Objekt
- ***EL/LA QUE, LOS/LAS QUE*** verwendet man, wenn ein Relativsatz mit einem Vorwort beginnt. Der Artikel vor ***que*** wird in Geschlecht und Zahl mit dem vorangehenden Hauptwort übereingestimmt. Ohne Vorwort leiten diese Pronomen Sätze mit unbestimmtem Subjekt ein:
  *La ciudad, **desde la que** te escribo, es muy bonita.*
  ***Los que** estudien mucho, aprobarán el examen.*
- ***LO QUE*** (= was) bezieht sich auf den Inhalt eines vorangehenden oder nachfolgenden Satzes:
  ***Lo que** yo sé, habla francés.*
- ***QUIEN, QUIENES*** wird **nur für Personen** verwendet und nur in der Zahl mit seinem Bezugswort übereingestimmt. Im Unterschied zu ***que*** wird es **nie von einem Artikel begleitet** und fast immer mit einem Vorwort verwendet. ***Quien*** bzw. ***quienes*** kann immer durch ***el/la que, los/las que*** ersetzt werden:
  *Fue Carmen **con quien (con la que)** hablasteis.*
- ***EL/LA CUAL, LOS/LAS CUALES*** können für Sachen und Personen stehen und ersetzen ***que*** bzw. ***quien, quienes***. Sie haben **immer einen Artikel** bei sich:
  *Las chicas, **con las cuales** (con quienes, con las que) está hablando, son muy simpáticas.*
- ***CUYO/-A, CUYOS/-AS*** richten sich in Geschlecht und Zahl nach dem **folgenden Hauptwort**:
  *Carlos es el chico **cuyas** herman**as** viven en España.*

195 Verbinde die folgenden Sätze mit *que*:

1. Te devuelvo el dinero. Me diste el dinero ayer.
2. Tengo rotuladores. Todos los rotuladores son rojos.
3. Visitamos la iglesia. La iglesia está en las afueras de Toledo.
4. Le has comprado un ramo de flores. El ramo de flores es precioso.
5. Te está esperando un hombre. Este hombre tiene mal aspecto.
6. Te presentaré a un amigo mío. Este amigo quiere conocerte.
7. Acabas de conocer a una amiga de mi madre. Ella trabaja en una fábrica de coches.
8. Paloma tiene un perrito. Este perrito se llama Cosa.
9. Esta alumna hace un curso intensivo de español en Madrid. Ella perdió su billete de avión.
10. Los alumnos no estudiaron lo suficiente. Ellos suspendieron la asignatura.

196 Hier erscheinen die Relativpronomen auf Deutsch – ersetze sie durch die passenden spanischen Formen:

1. Me gusta la chica (*mit der*) .... hablabas.
2. Éste es el profesor (*von dem*) .... te hablé.
3. No me gustan las personas (*die*) .... invitasteis.
4. Esta tarde he visto a tu compañero (*nach dem*) .... preguntaste ayer.
5. En la isla, (*auf der*) .... pasamos nuestras vacaciones, no hay teléfono.
6. Esto no es el motivo (*wegen dem*) .... estoy enfadado.
7. La casa (*in dem*) .... vivo es muy tranquila.
8. Estas son las chicas (*von denen*) .... no sé nada, salvo su nombre y teléfono.
9. Os vamos a explicar la razón (*wegen dem*) .... estamos aquí.
10. Las personas, (*mit denen*) .... acabas de hablar, son los actores.

© VERITAS-Verlag, Linz. DURCHSTARTEN – SPANISCH GRAMMATIK ÜBUNGSBUCH. Alle Rechte vorbehalten

197 Ergänze in den folgenden Sätzen *el/la que* und *los/las que*:

1. .... tienen miedo son las niñas.
2. .... cocina bien es Carmen.
3. .... grita tanto es tu hermanito.
4. .... protestaban eran unos estudiantes.
5. .... han preparado esta tarta son mis tías.
6. .... recibió el premio era un amigo nuestro.
7. .... entregarán sus tareas a tiempo serán las chicas.
8. .... quieren jugar al fútbol siempre son los chicos de mi clase.
9. .... ha roto la ventana es ese señor del bigote.
10. .... quiere ayudarte es mi madre.

198 Ersetze *el/la que* und *los/las que* aus der Aufgabe 197 durch *quien/-es*:

1. .... tienen miedo son las niñas.
2. .... cocina bien es Carmen.
3. .... grita tanto es tu hermanito.
4. .... protestaban eran unos estudiantes.
5. .... han preparado esta tarta son mis tías.
6. .... recibió el premio era un amigo nuestro.
7. .... entregarán sus tareas a tiempo serán las chicas.
8. .... quieren jugar al fútbol siempre son los chicos de mi clase.
9. .... ha roto la ventana es ese señor del bigote.
10. .... quiere ayudarte es mi madre.

199 Ergänze in den folgenden Sätzen *lo que*:

1. No comprendemos .... te pasa.
2. No eran expertos en .... hablaban.
3. .... me molesta es que pretenda engañarme.
4. .... haces no nos gusta.
5. Está de acuerdo con .... dicen sus padres.
6. Esto es .... necesito.
7. El hijo le confiesa a su madre todo .... sabe del asunto.
8. .... te hace falta es una comida fuerte.
9. Tenemos que ir a la escuela .... no nos gusta nada.
10. ¡Déjame en paz y haz .... quieras!

200 Ergänze in den folgenden Sätzen *cuyo/-a* und *cuyos/-as*:

1. Francisco de Goya, ... grabados son conocidos en todo el mundo, era un gran entusiasta de los toros.
2. El autor, ... obras de teatro prefiero, es Lope de Vega.
3. Las chicas, ... padre trabaja en mi oficina, han salido con mis hijos.
4. Nació en un lugar de la Mancha de .... nombre no quiere acordarse.

 © VERITAS-Verlag, Linz. DURCHSTARTEN – SPANISCH GRAMMATIK ÜBUNGSBUCH. Alle Rechte vorbehalten

5. Una mujer, ... marido ha muerto, se llama viuda.
6. La pensión, ... habitaciones daban a la calle, era muy barata.
7. Los pintores, ... cuadros no me gustan nada, organizarán una exposición.
8. Mi compañera de trabajo, ... novio es español, suele traducir la correspondencia comercial.
9. Los libros, de .... autora se oye hablar tanto, los puedes conseguir en la biblioteca.
10. La casa, ... dueños están de vacaciones, fue destruida totalmente por el fuego.

201 Ersetze in den folgenden Sätzen *el/la cual* und *los/las cuales* durch andere Relativpronomen mit derselben Bedeutung:

1. La empresa, para la cual trabajan, es española.
2. El cuaderno de ejercicios, con el cual estoy aprendiendo, es bastante bueno.
3. En la discoteca, a la cual mis amigos y yo vamos, hay un concierto en directo.
4. El café, en el cual nos conocimos, está cerrado por obras.
5. Los chicos, de los cuales te hablé hace unos días, han venido a verme.
6. La corbata, con la cual te he visto, me gusta.
7. Los niños se han comido todos los tomates con los cuales quería preparar la ensalada.
8. Mis primas, a las cuales no les gusta vivir en el campo, están buscando piso en la ciudad.
9. Esa es la razón por la cual quiere vernos.
10. Estas son las chicas de las cuales se está riendo sin parar.

202 *Que, quien/-es, cuyo/-os/-a/-as, lo que, el/la que* oder *los/las que*? Entscheide dich und ergänze die fehlenden Formen:

1. .... quieran ir de excursión, que levanten la mano.
2. Todo .... comente será cierto.
3. Tengo una amiga .... es profesora de español.
4. La chica, con .... salgo, es rubia.
5. Nos han traído todo .... pedimos.
6. Mis amigos de Bilbao, ... no habían estado nunca en Viena, llegaron ayer.
7. Las películas, ... ponen esta tarde en la tele, no me gustan.
8. La compañera, con .... compartí un piso, tenía un novio .... sólo me hablaba en vasco.
9. .... no están conmigo, están contra mí.
10. Las cosas .... dices me molestan muchísimo.
11. Siempre hemos hecho .... les ha gustado a nuestros padres.
12. Es con estos alumnos con .... iré al director.
13. El hombre .... vino era su padre.
14. La mujer, de .... estoy enamorado, es francesa.
15. Suelo fumar estos cigarrillos .... precio es bastante económico.
16. El hotel, en .... vivíamos, era muy caro.
17. La gente, ... estaba sentada detrás de las columnas, no podía ver ni oír a los actores.
18. No sabes el trabajo .... me costó terminar estos ejercicios.
19. .... hayan acabado con su examen, pueden irse a casa.
20. .... dice Carmen, es verdad.
21. .... lo sepa, que no se lo diga a los demás.

33. KAPITEL: Demonstrativpronomen und -adjektive

Die **Demonstrativpronomen und -adjektive** haben dieselben Formen. Nach der räumlichen Entfernung der bezeichneten Person oder Sache unterscheidet man drei verschiedene Formen:

Grad der räumlichen Entfernung		Männlich und weiblich		Sächlich
		Einzahl	Mehrzahl	Einzahl
aquí hier	Adjektiv	***este, esta*** diese(r, s)	***estos, estas*** diese	
	Pronomen	***éste, ésta*** diese(r, s)	***éstos, éstas*** diese	***esto*** dieses
ahí da	Adjektiv	***ese, esa*** diese(r, s) da	***esos, esas*** diese da	
	Pronomen	***ése, ésa*** diese(r, s) da	***ésos, ésas*** diese da	***eso*** das da
allí dort	Adjektiv	***aquel, aquella*** diese(r, s) dort	***aquellos, -as*** diese dort	
	Pronomen	***aquél, aquélla*** diese(r, s) dort	***aquéllos, -as*** diese dort	***aquello*** das dort

Este bezeichnet das, was dem Sprecher nahe ist (▸ ***aquí***).

Ese bezeichnet das, was dem Zuhörer nahe ist (▸ ***ahí***).

Aquel bezeichnet das, was sowohl vom Sprecher als auch vom Zuhörer weiter entfernt ist (▸ ***allí***).

203 Ergänze die entsprechenden Demonstrativadjektive:

Modelo: ***Aquí*** *hay un teléfono móvil;* ***este*** *teléfono móvil es mío.*
Ahí *hay unas flores;* ***esas*** *flores son preciosas.*
Allí *hay un coche;* ***aquel*** *coche es un SEAT TOLEDO.*

1. Aquí hay una mesa; .... mesa es de madera.
2. Ahí hay un policía; .... policía está deteniendo a un carterista.
3. Aquí hay unas camisetas; .... camisetas llevan una foto de Che Guevara.
4. Allí hay unos árboles; .... árboles son olivos.
5. Ahí hay dos estatuas; .... estatuas muestran a Don Quijote y a Sancho Panza.
6. Allí hay unos perros; .... perros están ladrando al cartero.
7. Aquí hay una tienda; en .... tienda venden recuerdos típicos de Toledo.
8. Aquí hay unas fuentes; .... fuentes están secas.
9. Ahí hay una bolsa; .... bolsa es de peluche.
10. Allí hay un sofá, ... sofá es muy cómodo.
11. Aquí hay un estanco; en .... estanco puedes comprar sellos.
12. Ahí hay un buen restaurante; en .... restaurante podríamos comer.
13. Aquí hay una farmacia; en .... farmacia me compro unas aspirinas.
14. Allí hay un perro grande; .... perro me parece peligroso.

204 Ergänze die entsprechenden Demonstrativadjektive:

1. .... chico de ahí sabe hablar catalán.
2. .... periódicos y revistas de allí eran del año pasado.
3. .... gorras de aquí están de moda entre los jóvenes.
4. .... ordenador portátil de allí estaba roto.
5. .... tiendas de ahí ya están cerradas desde hace dos meses.
6. .... bebida de aquí es bastante fuerte, contiene mucho ron cubano.
7. .... chico de allí es vienés, pero no creo que sepa bailar el vals.
8. .... taxista de aquí conduce muy mal.
9. .... proyector de ahí no funciona, lo habrán roto los alumnos.
10. .... manzanas de aquí están podridas, las voy a tirar a la basura.

 © VERITAS-Verlag, Linz. DURCHSTARTEN – SPANISCH GRAMMATIK ÜBUNGSBUCH. Alle Rechte vorbehalten

205 Ersetze die entsprechenden Demonstrativadjektive durch die entsprechenden Demonstrativpronomen, indem du davon ausgehst, dass die Person oder Sache dem Sprecher / der Sprecherin am nächsten ist:

1. Aquellas calabazas pesan mucho, pero .... pesan poco.
2. Ese bolígrafo escribe bastante mal, pero .... escriben bien.
3. Aquel bar está cerrado, pero .... está abierto.
4. Esas manzanas son dulces, pero .... son agrias.
5. Aquel DVD era entretenido, pero .... eran aburridos.
6. Ese ordenador estaba apagado ayer, pero .... estaban encendidos.
7. Esas chicas saben poco, pero .... no saben nada.
8. Esos pantalones son baratos, pero .... son carísimos.
9. Aquella calle es estrecha, pero .... son anchas.
10. Ese árbol es alto, pero .... es gigantesco.

206 Ordne die Antworten den Fragen zu:

1. ¿Qué es eso?
2. ¿Cuánto es esta cámara?
3. ¿Dónde está ese restaurante?
4. ¿Qué es esto de aquí?
5. ¿Cómo se corta eso?
6. ¿Qué es aquello de allí?
7. ¿Cuánto valen esos cuadernos?
8. ¿De qué color es aquello?
9. ¿Qué cámara es ésa?
10. ¿Cuándo ocurrió eso?
11. ¿De qué material es aquello de allí?
12. ¿De dónde sacaste eso?

a. De la basura.
b. Aquello es un proyector multimedia.
c. Es verde.
d. Se corta en trozos triangulares.
e. Eso es un módem.
f. Hace unos días.
g. ¿Ésta? 200 euros.
h. Una cámara digital.
i. Está ahí.
j. ¿Esos? Tres con cincuenta.
k. De algodón.
l. Esto es una impresora láser.

207 Ergänze in den folgenden Sätzen die entsprechenden Demonstrativadjektive und -pronomen:

1. Por favor, ¿me podría enseñar .... cámara digital? La que está en el escaparate. – ¿................................ o ....?
2. .... otoño tendremos que irnos a Madrid para hacer un curso intensivo de español.
3. .... que decís es una tontería, nadie os lo va a creer.
4. Tesoro mío, me acuerdo muy bien de .... día porque fue cuando nos conocimos.
5. ¿Qué te parece .... reproductor de MP3? – No está mal.
6. ¿Quiénes son tus padres? – .... que están cerca de nuestro profesor de matemáticas.
7. ¿Cuál es tu coche? – ¿Ves .... pequeño, de color rojo? Pues .... es mío.
8. No recuerdo a qué hora me he levantado .... mañana, pero creo que ha sido a .... de las 9.
9. Lo que quiero deciros es .... : tenéis que estudiar más para aprobar los exámenes.
10. ¿Me das .... libro que está a tu lado? – ¿Cuál? ¿ .... o .... ?
11. .... tarde he quedado con mi novio en .... bar donde lo conocí.
12. .... tapas no me gustan nada, prefiero .... que están en la barra.

© VERITAS-Verlag, Linz. DURCHSTARTEN – SPANISCH GRAMMATIK ÜBUNGSBUCH. Alle Rechte vorbehalten

34. KAPITEL: Indefinitpronomen

Die Indefinitpronomen bzw. -adjektive, zB ***alguien*** – jemand, ***algo*** – etwas, ***algún***, ***alguna*** – irgendein/e, ***cada uno/a*** – jede/r/s etc. bezeichnen nicht näher bestimmte Dinge oder Personen. Sie stehen entweder allein, als Pronomen, oder begleiten ein Nomen als Beifügung.

- **Allein stehende Indefinitpronomen:**

In **bejahten** Sätzen	In **verneinten** Sätzen
algo **– etwas**	***nada*** **– nichts**
¿Quieres comer algo? – Willst du etwas essen?	*No, no quiero nada.* – Nein, ich möchte nichts.
alguien **– jemand**	***nadie*** **– niemand**
¿Ha llamado alguien? – Hat jemand angerufen?	*No ha llamado nadie.* – Es hat niemand angerufen.
cualquiera – jede/r/s (beliebige)	Stehen ***nada / nadie*** **hinter** dem Zeitwort, muss **doppelt** verneint werden: **No** *me entiende* ***nadie****.* / ***Nadie*** *me entiende.*
Eso lo sabe cualquiera. – Das weiß doch jeder.	
cada uno/a – jede/r/s	
Cada uno llegó puntual. – Jeder kam pünktlich.	

- **Nur beifügend gebrauchte Indefinitpronomen:**

cada – jede/r/s	***cualquier*** – irgendein/e/s
Me ducho cada día. – Ich dusche jeden Tag.	*Me gusta comer cualquier plato.* – Ich esse alles gern.

- **Indefinitpronomen, die alleine und beifügend gebraucht werden:**
  Abgesehen von einfachen Mengenangaben wie ***mucho*** und ***poco*** sind folgende Indefinitpronomen wichtig:

alguno/a, algunos/as – irgendein/e, jemand, einige, ein paar
¿Hay algún restaurante por aquí? – Gibt es irgendein Restaurant in der Nähe?
ninguno/a – kein/e, kein/e einzige/r/s
No he visto a ninguna de las chicas allí. – Ich habe keines der Mädchen dort gesehen.
mismo/a, mismos/as – der/die/das Gleiche, dasselbe
Mi hermana tiene el mismo vestido que yo. – Meine Schwester hat das gleiche Kleid wie ich.
tanto/a, tantos/as – so viel, so viele
Carlos tiene tantos DVDs como yo. – Carlos hat so viele DVDs wie ich.
todo/a, todos/as – alles, der, die, das Ganze, alle
He olvidado todas las cosas. – Ich habe alle Sachen vergessen.
demasiado/a, demasiados/as – zu viel/e
Llevamos demasiadas cosas. – Wir haben zu viele Sachen mit.
otro/a, otros/as – (ein/e) andere/r/s, noch ein/e/n
¿Me trae otro café, por favor? – Bringen Sie mir bitte noch einen Kaffee?

Alguno / ninguno werden zu ***algún / ningún*** verkürzt, wenn sie vor einem männlichen Nomen stehen:
¿Tienes algún diccionario? – No, no tengo ninguno.

208 Beantworte die Fragen, indem du sie verneinst:

1. ¿Quieres beber algo más? ► ....
2. ¿Ha perdido usted algo? ► ....
3. ¿Conoces a alguno de los chicos? ► ....
4. ¿Hay alguna farmacia por aquí? ► ....
5. ¿Te ha escrito alguien? ► ....
6. ¿Has bailado con alguien en la fiesta? ► ....
7. ¿Tienes algún libro interesante para mí? ► ....
8. ¿Has visto a alguno de tus amigos? ► ....
9. ¿Habéis tenido que pagar algo? ► ....

 © VERITAS-Verlag, Linz. DURCHSTARTEN – SPANISCH GRAMMATIK ÜBUNGSBUCH. Alle Rechte vorbehalten

10. ¿Te ha llevado alguien en coche? ▶ ....
11. ¿Tiene usted algún medicamento contra el dolor? ▶ ....
12. ¿Hay algún banco por aquí? ▶ ....
13. ¿Han dicho algo interesante en la reunión? ▶ ....
14. ¿Te puede acompañar alguien a casa? ▶ ....
15. ¿Ha entendido usted algo de lo que han dicho? ▶ ....
16. ¿Hacéis algo importante esta tarde? ▶ ....
17. ¿Conoces ya a alguien en esta ciudad? ▶ ....
18. ¿Habéis recibido algún mensaje? ▶ ....
19. ¿Usted ha leído algún cuento latinoamericano? ▶ ....
20. ¿Te ha visitado alguien en el hospital? ▶ ....

209 Setze *algo, alguien, nada, nadie, algún/o/os/as, ningún/a* sinngemäß ein:

1. Tengo que ir al mercado para comprar .... cosas para la cena.
2. ¿Tienes .... disco de Juanés? – No, no tengo ....
3. Todavía no he desayunado ...., quiero ir a tomar café en .... bar.
4. Hasta las ocho todavía no había llegado ...., todos vinieron tarde.
5. ¿Tú sabes .... sobre la cultura incaica? Es que tengo que preparar una ponencia sobre este tema.
6. .... me ha dicho que Chema ha cambiado de trabajo. ¿Tú sabes si es verdad?
7. ¿Has visto .... película española? – No, yo no conozco ....
8. No han invitado a .... de sus familiares a venir a la boda; me parece bastante raro, ¿no?
9. Juan tiene .... amigos en Alemania, ¿verdad?
10. Tengo .... problema con mis ojos; es que no veo casi .... de momento.
11. Lo siento, pero .... me ha dicho que la reunión empieza ya a las nueve y media y no a las diez, por eso llego tarde.
12. ¿Has cocinado .... especial para los invitados? – Sí, he preparado una lubina a la sal.
13. Este chico es un poco inocente; la verdad es que no se entera de ....
14. ¿...................................... ya conoce al nuevo profesor de inglés?
15. Estoy un poco enfadada porque no me ha ayudado .... a subir los paquetes.
16. ¿Han dicho .... importante en las noticias? – No, por lo visto no hay .... nuevo.
17. ¿...................................... de tus hijos estudia medicina, verdad?
18. Hay .... gente que no entiende que tiene que cuidar el medio ambiente.
19. Perdona, te llamo un poco más tarde; es que aquí hay tanto ruido que no oigo casi ....
20. Me parece que te ha ofendido ...., ¿verdad? – Bueno, sí, es que he discutido con mi novio.
21. Me han hurtado mi cartera en el metro y yo realmente no me he dado cuenta absolutamente de ....
22. ¿Puedes darme .... contra el dolor de cabeza?
23. ¿Hay .... supermercado por aquí? – No, señora, en el pueblo no hay ....
24. A mi marido le encanta el fútbol; no se pierde .... partido de sus equipos favoritos en la tele.

© VERITAS-Verlag, Linz. DURCHSTARTEN – SPANISCH GRAMMATIK ÜBUNGSBUCH. Alle Rechte vorbehalten

210 Setze *mismo/a/os/as, tanto/a/os/as, demasiado/a/os/as* und *otro/a/os/as* sinngemäß ein:

1. Antes del examen, Carlos tiene que estudiar .... que no tiene tiempo para salir.
2. Uff, creo que he comido ...., es que no puedo más.
3. Mi hermana es un poco tímida, no tiene .... amigas como yo y prefiere quedarse en casa.
4. ¿Vamos en tren o en autobús? – No sé, creo que da lo ....
5. Quería .... copa de vino, por favor.
6. Ya he sacado .... fotos que se me acaban los carretes.
7. Eso no es correcto, tienes que intentarlo .... vez.
8. Ya he leído .... libros sobre este tema que estoy un poco harto.
9. Mi hermano menor pasa .... tiempo con su ordenador porque su pasión son los videojuegos.
10. Me parece que tú has visto .... películas de terror.
11. El .... día he oído algo muy interesante.
12. Mi novio tiene los .... intereses que yo, por eso nos llevamos tan bien.
13. Desgraciadamente no tengo .... tiempo como tú.
14. ¿Me enseñas tu móvil? Me parece que tienes el .... modelo que yo.
15. Mi amiga Carmen hace .... cosas a la vez que me pregunto cómo es posible.
16. ¿Me trae .... botella de agua sin gas, por favor?
17. Estas fotos son las .... que me ha enseñado Juan Manuel.
18. Nuria tiene que solucionar .... problemas que no sabe qué hacer primero.
19. Este grupo estudia mucho, pero los .... alumnos me parece que son un poco vagos.
20. ¡Qué gracioso! Las dos chicas llevaban los .... vestidos ayer en la fiesta.
21. Siempre me pasa la .... cosa cuando utilizo este programa ...
22. Creo que ya no debería conducir, es que he bebido .... vino.
23. Hoy he tenido que escribir .... en la escuela que me duelen las manos; los profesores son realmente .... exigentes con nosotros.
24. En mi colegio hay .... ordenadores que cada alumno puede acceder a Internet.
25. ¡Qué difícil! Menos mal que tenemos .... ocasión para aprobar el examen en otoño, creo que esta vez lo he suspendido.
26. En muchos aspectos el español y el italiano tienen las .... reglas gramaticales.
27. Si sigues trabajando ...., te vas a poner enferma, es que tienes que descansar un poco.
28. ¿Tendría .... revista, por favor?
29. Tenemos que sacar .... foto, creo que la primera no ha salido bien.
30. Me parece que este esfuerzo ha sido .... para él.
31. Este chico me ha mentido .... veces que ya no le creo nada.
32. Mis vecinos y yo tenemos el .... coche, un Renault.
33. ¿Me puede enseñar también los .... abrigos que tiene? Éste no me queda muy bien.
34. Rafael ha visto esta película .... veces que ya sabe de memoria los diálogos más importantes.
35. No quiero que mis hijos hagan los .... errores que yo, por eso les prohíbo .... cosas que les gustarían hacer.
36. Este hotel no me gusta; es .... grande y tiene .... habitaciones que ya me he perdido dos veces.

© VERITAS-Verlag, Linz. DURCHSTARTEN – SPANISCH GRAMMATIK ÜBUNGSBUCH. Alle Rechte vorbehalten

211 Korrigiere jetzt die folgenden Sätze:

1. No desayuno alguien. ▶ ....
2. ¿Me das un otro trozo de tarta? ▶ ....
3. Aquí debe haber alguno error. ▶ ....
4. Los niños ya se han comido todos. ▶ ....
5. ¿Tienes todas cosas que necesitas? ▶ ....
6. Aquí no hay algo interesante. ▶ ....
7. ¿Has perdido alguno? ▶ ....
8. No he hablado con alguien. ▶ ....
9. ¿Tiene usted un otro problema? ▶ ....
10. ¿Hay alguno bar por aquí cerca? ▶ ....
11. ¿Alguien de vosotros ha visto a Carmen? ▶ ....
12. ¿Ya has visto algún película de Pedro Almodóvar? ▶ ....
13. Los ladrones no han robado algo importante. ▶ ....
14. Creo que he trabajado demasiado mucho en el jardín. ▶ ....
15. Tú en realidad no tienes tan mucho trabajo. ▶ ....
16. No hay una otra posibilidad. ▶ ....
17. Ella es tan gorda porque come demasiado mucho chocolate. ▶ ....
18. No sé algo sobre este tema. ▶ ....
19. Este chico soluciona todos crucigramas en los periódicos. ▶ ....
20. Hay una regla común: Alguien es perfecto... ▶ ....

212 Wähle das passende Indefinitpronomen:

1. ¿Qué ha pasado? Tienes que contarme **todo / todos**.
2. Tienes razón, este chico sabe **cualquier / cualquiera** cosa.
3. En mi pueblo no hay **algún / ningún** banco.
4. Desayunamos en este bar **cada / todo** día.
5. El profesor habla **mucho / demasiado** rápido; por eso no hemos entendido **algo / nada**.
6. Creo que he comido **demasiado / tanto** helado; ahora ya no tengo apetito.
7. Hoy no he recibido **algún / ningún** e-mail.
8. Mi amiga y yo hemos ido de compras, pero no hemos encontrado **algo / nada** que nos haya gustado.
9. Hoy en día **cada / todo** alumno tiene un móvil, un i-Pod y un ordenador portátil.
10. Creo que voy a cambiar de colegio; es que no me gusta estudiar **tanto / tan** y además quiero disfrutar de mi vida.
11. ¿Me trae **otro / un otro** café, por favor?
12. No me parece bien que los niños vean **nada / tanto** la tele.
13. ¿Ya te has comprado **algún / ningún** libro sobre Argentina para informarte antes de las vacaciones?
14. Espero que el viaje no tarde **tantas / muchas** horas como la última vez.
15. Con esta niebla no puedo ver **algo / nada**.
16. ¿Tenemos que estudiar **todo / todos** eso?
17. ¿Puede darme **una otra / otra** habitación, por favor? La que tengo es **tanto / tan** ruidosa que no he podido dormir.
18. ¿No quieres comer **nadie / nada** más?

© VERITAS-Verlag, Linz. DURCHSTARTEN – SPANISCH GRAMMATIK ÜBUNGSBUCH. Alle Rechte vorbehalten

35. KAPITEL: Präpositionen

Präpositionen sind Verhältniswörter, ohne die man keine zusammenhängenden Sätze bilden kann. Sie lassen sich allerdings nicht eindeutig übersetzen, da sie je nach Verwendung unterschiedliche Bedeutungen annehmen können. Zu den wichtigsten Präpositionen im Spanischen gehören zB:

- ***a***: nach, in, an, zu, bis ... gibt zB Richtung, Entfernung, Uhrzeit, Akkusativobjekt bei Personen und Dativobjekt an.
- ***de***: von, aus, über ... gibt zB Herkunft, Besitz, Genitiv, Mengenangaben, Thema an.
- ***en***: in, auf, an ... gibt Ort, Verkehrsmittel, manche Zeitangaben an.
- ***con***: mit, bei ... gibt Begleitung und Mittel an.
- ***sin***: ohne – gibt das Fehlen einer Person oder Sache an.
- ***entre***: zwischen, gemeinsam, unter ... kann sich auf räumliche und zeitliche Verhältnisse sowie im übertragenen Sinn auf Personen beziehen.
- ***por***: wegen, für, aus, durch ... gibt Ursachen, Tageszeiten, Mittel, Dank, Routen, Urheberschaft an.
- ***para***: für, um ... zu, nach, bis ... gibt Ziel, Zweck, Termin und Bestimmung an.
- ***sobre***: über – gibt Thema oder räumliche Verhältnisse an.

- Neben diesen einfachen Präpositionen sind auch noch andere, zT mehrteilige, Orts- und Zeitangaben wichtig, wie ***antes de*** (vor, bevor), ***después de*** (nach), ***durante*** (während), ***dentro de*** (innerhalb), ***fuera de*** (außerhalb), ***desde – hasta*** (von – bis), ***desde hace*** (seit), ***hace*** (vor), ***delante de*** (davor), ***detrás de*** (dahinter), ***al lado de*** (neben), ***encima de*** (auf, über), ***debajo de*** (unter), ***cerca de*** (nahe bei), ***lejos de*** (weit von), ***enfrente de / frente a*** (gegenüber), ***a la derecha de*** (rechts von), ***a la izquierda de*** (links von) usw.

- Beachte auch, dass manche Zeitwörter immer mit bestimmten Präpositionen bzw. in Redewendungen verwendet werden, zB ***jugar al*** *tenis* – Tennis spielen, ***aprender de*** *memoria* – auswendig lernen, ***ir a*** *pie* – zu Fuß gehen, ***estar de*** *pie* – stehen, ***enamorarse de*** *alguien* – sich in jem. verlieben, ***pensar en*** *algo* – an etwas denken ... usw.
  A und ***de*** werden mit einem darauffolgenden männlichen Artikel zu ***al / del*** verschmolzen.

213 Setze *a (al)*, *de (del)* oder *en* ein:

1. .... casi todos los jóvenes les gusta navegar .... Internet.
2. Siempre vamos .... pie .... trabajo, es que no está muy lejos .... casa.
3. Esta tarde voy .... cine con algunos amigos.
4. .... invierno normalmente nieva mucho .... Austria.
5. ¿Es ésta la mochila .... Pedro? – No, ésta es la mía.
6. .... Rafael le encanta jugar .... fútbol.
7. Creo que Nuria se ha enamorado .... un compañero .... estudios.
8. En los bares siempre mucha gente está .... pie.
9. Los libros que tienes que traerme están .... mi habitación, ... lado .... ordenador.
10. Depués .... clase siempre tomamos una copa .... el bar .... enfrente.
11. Por favor, ¡póngame medio kilo .... fresas y un kilo .... uvas!
12. Ramón es .... Granada, ¿verdad? – Sí, pero lleva ya casi cinco años .... Madrid.
13. Ya es muy tarde, ¿por qué no vamos .... taxi .... casa?
14. Este año hemos estado .... vacaciones .... Tenerife, ¡ha sido maravilloso!
15. .... clase vamos .... hablar también .... las costumbres españolas, no sólo vamos .... estudiar la gramática.
16. .... mí me gustaría ver un día los Sanfermines .... Pamplona.
17. Todavía no conozco .... tu amiga Teresa; tienes que presentármela.
18. Hemos visto una exposición .... Goya muy interesante .... el Museo del Prado.
19. Esta tienda está cerrada .... 14.00 .... 16.00; tenemos que volver más tarde.

 © VERITAS-Verlag, Linz. DURCHSTARTEN – SPANISCH GRAMMATIK ÜBUNGSBUCH. Alle Rechte vorbehalten

20. ¿Me puedo probar esta blusa blanca .... seda? – Claro que sí, señora, los probadores están aquí mismo, ... la derecha.
21. .... la calle Lagasca hay una nueva tienda .... moda. Algunas prendas que tienen .... el escaparate son muy bonitas y económicas.
22. Ayer me compré botas .... cuero.
23. .... el colegio mis amigos y yo .... vez .... cuando jugamos .... las cartas; es muy divertido.
24. .... junio vamos .... hacer el examen .... español. Espero que lo aprobemos.
25. Suelo trabajar .... 9.00 .... 18.00, pero tengo una pausa .... mediodía.
26. ¿Puedes ir .... supermercado y comprar un litro .... leche y dos botellas .... agua mineral, por favor?
27. ¿Dónde está el vino que he comprado? – .... la nevera, detrás .... la cerveza.
28. ¿Me escuchas? Me parece que estás pensando .... otra cosa.
29. ¿Ya has leído este libro? ¿............... qué trata?
30. .... momento no tengo nada que hacer, puedo ayudarte si quieres.

214 Ordne die Elemente zu Sätzen:

1. muchos / tenemos / de / Alemania / estudiantes.

   ....

2. farmacia / la / abierta / a / 8.00 / de / 15.00 / está.

   ....

3. debajo / la / de / una / azul / mesa / hay / alfombra.

   ....

4. la / está / del / piscina / detrás / hotel.

   ....

5. mí/ me / a / gusta / con / salir / mis / mucho / amigos.

   ....

6. hoy / he / no / en / ido / metro / la / a / oficina.

   ....

7. en / Sevilla / hace / desde / vivimos / años / tres.

   ....

8. de / gustaría / me / compras / ir / contigo.

   ....

9. del / después / almuerzo / vamos / paseo / a / darnos / un.

   ....

10. de / volvimos / México / mes / hace / un.

    ....

11. el / hasta / lunes / domingo / desde / en / no / estoy / Madrid / el.

    ....

12. gustan / mí / no / me / pantalones / pana / de / a / los.

    ....

13. yo / sin / café / el / prefiero / tomar / azúcar.

    ....

14. ¿qué / sale / hora / tren / próximo / a / el / Sevilla / para?

    ....

© VERITAS-Verlag, Linz. DURCHSTARTEN – SPANISCH GRAMMATIK ÜBUNGSBUCH. Alle Rechte vorbehalten

215 Übersetze und beachte dabei besonders die Präpositionen:

1. Wir gehen heute Abend in die Disco. ▶ ....
2. Ich denke jeden Tag an dich. ▶ ....
3. Fahrt ihr mit dem Zug nach Toledo? ▶ ....
4. Wir gehen mit den Schülern ins Museum. ▶ ....
5. Manchmal frühstücken wir in einer Bar. ▶ ....
6. Meine Schwester spielt gerne Volleyball. ▶ ....
7. Ohne dich kann ich nicht leben! ▶ ....
8. Carlos liebt Anna sehr. ▶ ....
9. Ich kenne deinen Chef nicht. ▶ ....
10. Wir müssen dieses Gedicht auswendig lernen. ▶ ....

216 Setze *por* oder *para* ein:

1. No hacemos este trabajo .... necesidad sino .... placer.
2. .... aprender bien el español tienes que viajar a España.
3. Este autobús no pasa .... Tarragona.
4. Esta película fue dirigida .... Alex de la Iglesia.
5. Mira, tengo un regalo .... ti.
6. Muchísimas gracias .... tu ayuda.
7. He comprado este disco .... sólo diez euros.
8. Mañana .... la mañana vienen nuestros amigos de Francia.
9. ¿Es cierto que éste es el tren .... Segovia?
10. .... la noche suelo leer un libro o ver la tele.
11. Creo que Ramón ha ido a Austria .... amor a una chica.
12. Ahora no tengo tiempo, me puedes llamar .... teléfono mañana.
13. Estas flores son .... María, es su cumpleaños hoy.
14. ¿Vas .... casa? Entonces te acompaño un rato.
15. Ayer nos dimos una vuelta .... el centro.
16. Mañana iré a la playa .... descansar un poco del estrés.
17. Vamos a la discoteca .... bailar.
18. Toma estas pastillas, son muy buenas .... la garganta.
19. Los gases de escape son muy peligrosos .... la salud.
20. Mi asma ha empeorado .... la contaminación en la ciudad.
21. La semana que viene salimos .... Portugal.
22. ¿Sabe si hay una farmacia .... aquí?
23. A mi novio le gusta mucho caminar .... los bosques.
24. Nuria de momento sólo come yogur y verduras .... adelgazar.
25. Carlos y yo jugamos al tenis dos veces .... semana.
26. A mí me encanta navegar .... Internet.
27. Esta casa fue construida .... el famoso arquitecto Antoni Gaudí.
28. Tuvieron que vender la casa .... 200.000 euros.
29. ¿Quieres cambiar? Te doy mi bocadillo de jamón .... el tuyo de tortilla.
30. Tenemos que arreglar todavía todo .... la boda.
31. Mi abuelo no pudo venir .... su enfermedad.

 © VERITAS-Verlag, Linz. DURCHSTARTEN – SPANISCH GRAMMATIK ÜBUNGSBUCH. Alle Rechte vorbehalten

217 Wähle die richtige Präposition aus und setze die Lösungsbuchstaben in die untere Tabelle ein. Das Lösungswort ergibt eine Stadt in Nordspanien.

		a	de	con	en	entre	sin
1.	Este asunto tiene que quedar ... tú y yo.	F	C	A	M	S	B
2.	El teatro empieza ... las ocho y media.	A	I	O	U	N	Y
3.	Esta noche vamos a cenar ... Paloma.	M	S	N	T	V	Q
4.	¡Qué bien! Hemos arreglado todo ... problemas.	C	B	D	P	L	S
5.	Todo depende ... su estado de salud.	A	E	O	U	I	Y
6.	Rafael nunca piensa ... los demás, es un egoísta.	D	F	G	B	R	C
7.	De momento vivo ... una compañera de trabajo.	I	Y	A	E	O	U
8.	El restaurante está ... el banco y la iglesia.	T	C	G	P	S	R
9.	Esta película trata ... un amor imposible.	J	T	R	M	N	V
10.	... mí me da totalmente igual.	I	O	E	Y	U	A
11.	Ya no salgo ... Miguel; es que hemos roto.	U	I	A	E	Y	O
12.	Para muchos una fiesta ... alcohol no es divertida.	M	D	G	Z	L	N

1.	2.	3.

4.	5.	6.	7.	8.	9.	10.	11.	12.

218 Setze die entsprechenden Orts- und Zeitangaben ein:

1. Niños, ¡no toméis helado .... la cena!
2. Tenemos que aprender el vocabulario .... la semana que viene.
3. Les ruego que me confirmen la reserva .... quince días.
4. (*Hinter*) .... colegio hay un patio y (*davor*) .... hay un pequeño parque.
5. Mi mochila está .... el suelo, (*neben*) .... la mesa. ¿Puedes dármela, por favor?
6. (*Links*) .... hotel hay un pequeño mercado indígena.
7. Estudié en Viena .... 1999 .... 2003.
8. Tenemos este perro ya .... cinco años.
9. Compraron esta casa .... medio año, más o menos.
10. Pon los zapatos (*unter*) .... la cama.
11. ¿Tomáis un café .... comer?
12. El ordenador está .... mi escritorio.
13. Mi pueblo no está .... la capital, son sólo 15 kilómetros.
14. Hay una farmacia (*gegenüber*) .... Hotel Alfonso XII.
15. Estoy trabajando en esta empresa .... un año; la verdad es que me gusta mucho.
16. .... algunos años hicimos un viaje por Perú; fue una experiencia maravillosa.
17. .... aquí .... mi casa son sólo quince minutos andando.
18. He quedado con unos amigos en el Bar San Mateo (*vor*) .... ir al cine.
19. Mi gato siempre duerme (*auf*) .... sillón.
20. (*Nach*) .... clase tengo que ir a casa enseguida.
21. ¿................................ cuándo podréis terminar con este trabajo?
22. .... ya mucho tiempo que no veo a Carmen; no sé qué le pasa.
23. Tengo un poco de frío; sólo llevo una camiseta .... la chaqueta.
24. El vino está en el balcón, (*neben*) .... la estantería.
25. Estudiamos español .... dos años, más o menos.

© VERITAS-Verlag, Linz. DURCHSTARTEN – SPANISCH GRAMMATIK ÜBUNGSBUCH. Alle Rechte vorbehalten

26. (*Neben*) .... mi oficina hay un restaurante bastante bueno. Mis compañeros de trabajo y yo siempre vamos allí para comer.
27. Dejé de fumar .... un mes.
28. Creo que todavía nos quedaremos en Madrid .... el fin de semana.
29. (*Nach*) .... desayuno fui a visitar a mi abuela que estaba un poco enferma y necesitaba mi ayuda.
30. ¿A qué hora quedamos? ¿A las nueve te va bien? – Mejor un poco ...., a las ocho y media.

219 Wähle die richtige Präposition:

1. ¿Dices esto .... broma o .... serio?
2. ¿.................... dónde vais .... vacaciones?
3. ¡Tráigame un agua mineral .... gas, por favor!
4. ¿Vais .... pie o .... autobús al cine?
5. .... todos, podemos regalarle un florero bonito a Concha; sabéis que hace colección de floreros extravagantes.
6. Yo pienso mucho .... mi novio que .... momento está .... el extranjero. Espero que vuelva pronto.
7. Normalmente prefiero escribir .... pluma, pero este bolígrafo es muy fino también.
8. Quisiera un Martini rojo .... mucho hielo, por favor.
9. ¿.................... qué hora vuelves .... casa? – No sé, creo que .... eso .... las siete.
10. ¿El avión sale .... la mañana o .... la tarde? – Sale .... las diez .... la mañana, señor. Es muy buena hora.
11. ¿Cuándo has dejado .... fumar? – .... una semana.
12. ¿Ha pasado algo .... Carlos y María? – Sí, creo que últimamente discuten mucho y María me ha dicho que piensa .... separarse .... él.
13. Quería darte las gracias .... tu comprensión.
14. ¿Este trabajo no es demasiado duro .... ti?
15. En este restaurante hay un menú .... día .... sólo seis euros.
16. ¿Tomas el té .... limón y azúcar? – Limón, sí, gracias, pero no tomo azúcar.
17. ¿Este hotel dispone .... conexión .... Internet?
18. Prefiero escribir la carta .... mano, es que es más personal.
19. No me gusta mucho navegar .... la red, siempre tardo mucho .... encontrar algo interesante.
20. Muchos jóvenes ya no podrían vivir .... móvil.
21. Buenos días, le llamo .... su anuncio en el periódico. Me intereso .... la vivienda que han anunciado.
22. Mucha gente no está interesada ni .... la política ni .... la cultura.
23. ¿Cuánto has pagado .... las entradas?
24. Tengo que levantarme ya .... las seis.
25. Esta tarde he quedado .... Nuria y su hermana.
26. Paloma se ha enamorado .... un chico .... Ecuador.
27. No conozco .... tus primos.
28. Ni siquiera había suficientes asientos y tuvimos que estar .... pie todo el tiempo.
29. .... los alumnos hay muchos que tienen un ordenador portátil.
30. .... vez .... cuando me gusta comer helado, pero no cada día.

 © VERITAS-Verlag, Linz. DURCHSTARTEN – SPANISCH GRAMMATIK ÜBUNGSBUCH. Alle Rechte vorbehalten

PRIMER REPASO

Querido diario:

(1.) .... en Salamanca haciendo un curso intensivo de español. (2.) .... dos profesoras (3.) .... simpáticas: Blanca, la profesora de gramática, es una chica (4.) .... y muy delgada que tiene los ojos marrones y (5.) .... pelo rizado y largo. Siempre (6.) .... y habla muchísimo y muy rápido. La otra (7.) .... María Teresa y viene (8.) .... Sevilla, es andaluza. (9.) .... bastante alta, muy guapa y sabe (10.) .... el flamenco. Tiene un novio (11.) ...., por eso (12.) .... un poco de alemán.

En mi grupo (13.) .... siete compañeros y compañeras: dos son de Nueva York, una es italiana, uno es ruso, una checa y dos chicas son de Estocolmo, hablan (14.) .... Todos son muy simpáticos y nos (15.) .... mucho estudiar. Las clases (16.) .... a las nueve de la mañana. (17.) .... cinco clases al día. Yo vivo (18.) .... una familia española. La casa no (19.) .... muy lejos de la escuela. (20.) .... ir a pie, pero a veces voy (21.) .... autobús.

Ya (22.) .... una excursión a Madrid y hemos visitado la ciudad. (23.) .... el Museo del Prado y la Plaza Mayor. Yo he comprado una camiseta (24.) .... con un toro blanco. En la Plaza Mayor he tomado chocolate con churros y he escrito una postal a (25.) .... amigos.

Aquí en Salamanca (26.) .... mucho calor y casi siempre hace sol. Blanca (27.) .... que en verano no (28.) .... casi nunca. Menos mal que (29.) .... una piscina.

Ahora (30.) .... salir porque he quedado con mis compañeros del curso porque queremos ir (31.) .... la discoteca. (32.) .... contarte más. ¡Buenas noches y hasta mañana!

1. a) está
   b) soy
   c) estoy

2. a) tengo
   b) hago
   c) han

3. a) mucho
   b) muy
   c) más

4. a) baja
   b) bajo
   c) bajas

5. a) un
   b) del
   c) el

6. a) ríese
   b) se ría
   c) se ríe

7. a) se llama
   b) me llamo
   c) te llamas

8. a) a
   b) de
   c) en

9. a) es
   b) hay
   c) está

10. a) hacer
    b) bailar
    c) contar

11. a) Alemania
    b) alemana
    c) alemán

12. a) habla
    b) dice
    c) hablan

13. a) son
    b) están
    c) hay

14. a) suizo
    b) sueco
    c) sueca

15. a) gusta
    b) gustamos
    c) gusto

16. a) empezamos
    b) empiezan
    c) empiezo

17. a) tenéis
    b) tiene
    c) tenemos

18. a) con
    b) de
    c) por

19. a) es
    b) hay
    c) está

20. a) puedo
    b) pongo
    c) pido

21. a) con
    b) en
    c) a

22. a) habéis hecho
    b) has hecho
    c) hemos hecho

23. a) hemos venido
    b) hemos vendido
    c) hemos visto

24. a) nueve
    b) nueva
    c) nuevo

25. a) mis
    b) míos
    c) mi

26. a) es
    b) hace
    c) hay

27. a) dice
    b) diga
    c) dicho

28. a) lluevo
    b) lluvia
    c) llueve

29. a) es
    b) está
    c) hay

30. a) tengo
    b) tengo que
    c) quiero que

31. a) en
    b) a
    c) de

32. a) voy de
    b) voy
    c) voy a

© VERITAS-Verlag, Linz. DURCHSTARTEN – SPANISCH GRAMMATIK ÜBUNGSBUCH. Alle Rechte vorbehalten

SEGUNDO REPASO

Querido diario:

(1.) .... se celebró una fiesta de cumpleaños en la escuela. Blanca cumplió veinticinco años. (2.) .... los alumnos (3.) .... regalamos un ramo de flores y un libro porque (4.) .... le encanta leer. Se alegró muchísimo y nos (5.) .... a tomar una copa de vino. Hoy (6.) .... un poco la cabeza, ya (7.) .... a la farmacia para (8.) .... unas aspirinas. El vino no es (9.) .... bueno para (10.) ....

La fiesta fue (11.) .... divertida, pero ahora tenemos que limpiarlo todo (12.) .... todo está patas arriba: las mesas (13.) .... sucias, en la cocina (14.) .... muchos platos y botellas y en los aulas faltan las sillas. (15.) .... las mesas todavía quedan vasos de plástico. ¡Pero la tarta (16.) .... muy rica – no queda ni un trozo!

Ahora te (17.) .... algo sobre la familia donde vivo: Carmen es ama de casa y (18.) .... marido Juan es electricista. Normalmente trabaja (19.) ...., pero a veces también (20.) .... de semana. Carmen cocina muy (21.) .... A mí me gustan más la paella y el flan. Su hijo (22.) ...., que se llama Ángel, (23.) .... 20 años y estudia turismo. Su hija Vanessa tiene 15 años y el hijo menor, Carlitos, tiene 9 años. La casa es muy (24.) ...., tiene una (25.) .... , un salón luminoso y una terraza con muchas (26.) .... De vez en cuando (27.) .... visitan los padres de Carmen, o sea los (28.) .... de Carlitos y sus hermanos, con su perro. A Carlitos (29.) .... gusta mucho jugar con (30.) .... – yo le tengo un poco de miedo porque es muy grande, pero (31.) .... parece que él no me quiere a mí (32.) ....

Bueno, eso es todo de momento.

1. a) hoy
   b) ayer
   c) mañana

2. a) nos
   b) nosotras
   c) nosotros

3. a) le
   b) se
   c) la

4. a) a la
   b) ella
   c) a ella

5. a) invitó
   b) invito
   c) ha invitado

6. a) me duelo
   b) se duele
   c) me duele

7. a) fui
   b) voy
   c) he ido

8. a) compro
   b) comprar
   c) compré

9. a) nada
   b) algo
   c) nadie

10. a) yo
    b) me
    c) mí

11. a) mucho
    b) muy
    c) mucha

12. a) por qué
    b) porqué
    c) porque

13. a) están
    b) son
    c) hay

14. a) son
    b) están
    c) hay

15. a) debajo a
    b) debajo de
    c) debajo

16. a) ha sido
    b) está
    c) ha estado

17. a) digo
    b) dijo
    c) dices

18. a) suyo
    b) su
    c) sus

19. a) a lunes de viernes
    b) en lunes a viernes
    c) de lunes a viernes

20. a) los fines
    b) en los fines
    c) a los fines

21. a) bueno
    b) bien
    c) buen

22. a) mejor
    b) menor
    c) mayor

23. a) tiene
    b) es
    c) está

24. a) guapa
    b) bonita
    c) bien

25. a) cocinera grande
    b) cocina gran
    c) cocina grande

26. a) platos
    b) plantas
    c) plazas

27. a) nosotros
    b) os
    c) nos

28. a) abuelos
    b) tíos
    c) primos

29. a) se
    b) le
    c) lo

30. a) ello
    b) su
    c) él

31. a) me
    b) se
    c) mi

32. a) también
    b) tampoco
    c) también no

 © VERITAS-Verlag, Linz. DURCHSTARTEN – SPANISCH GRAMMATIK ÜBUNGSBUCH. Alle Rechte vorbehalten

TERCER REPASO

Querido diario:

El pasado fin de semana dos compañeros y yo (1.) .... una excursión a Ávila. Esta ciudad (2.) .... situada (3.) .... norte de Madrid, a más (4.) .... mil metros de altura. Fuimos (5.) .... autobús. Cuando (6.) ...., todavía hacía (7.) .... frío, pero durante el día (8.) .... un tiempo agradable. Primero (9.) .... a la muralla medieval y (10.) .... visitamos la Catedral y (11.) .... iglesias bonitas. A mediodía comimos en un restaurante típico donde (12.) .... un menú del día fantástico que además (13.) .... bastante barato.
(14.) .... en un hostal que estaba cerca de la muralla. Las habitaciones (15.) .... muy pequeñas y no tenían ducha, pero no (16.) .... importaba. El domingo nos levantamos tarde, (17.) .... eso de las diez, y (18.) .... en el bar que estaba enfrente. Después fuimos al castillo de Coca donde (19.) .... muchos turistas extranjeros. (20.) .... la tarde volvimos a Ávila. Mientras (21.) .... un paseo por el centro, (22.) .... me (23.) .... mi cámara digital que (24.) .... en mi mochila. Ni siquiera (25.) .... di cuenta, pero cuando quise (26.) .... una foto, ya no (27.) .... tenía. ¡Qué rollo! (28.) .... dije a la policía, pero no pudieron hacer (29.) ....
Esta tarde hemos vuelto a Salamanca. Mañana (30.) .... un pequeño examen en la escuela y después de clase (31.) .... a la piscina para descansar y compraré (32.) .... cámara ...
¡Hasta la próxima!

1. a) hacíamos
   b) hicimos
   c) hacemos

2. a) está
   b) es
   c) era

3. a) en el
   b) del
   c) al

4. a) que
   b) como
   c) de

5. a) con
   b) en
   c) al

6. a) llegamos
   b) llegábamos
   c) hemos llegado

7. a) muy
   b) más
   c) mucho

8. a) hizo
   b) estaba
   c) era

9. a) subíamos
   b) subiremos
   c) subimos

10. a) detrás
    b) después
    c) delante

11. a) algunas
    b) algún
    c) algo

12. a) tuvieron
    b) habían
    c) tenían

13. a) era
    b) estaba
    c) fue

14. a) nosotros alojamos
    b) nos alojamos
    c) alojamos

15. a) fueron
    b) estaban
    c) eran

16. a) se
    b) nos
    c) le

17. a) a
    b) en
    c) de

18. a) desayunábamos
    b) hemos desayunado
    c) desayunamos

19. a) hubo
    b) eran
    c) había

20. a) por
    b) en
    c) de

21. a) nos damos
    b) nos dábamos
    c) nos dimos

22. a) algo
    b) alguien
    c) alguno

23. a) robé
    b) robó
    c) robo

24. a) llevaba
    b) llevé
    c) llevó

25. a) mi
    b) yo
    c) me

26. a) saqué
    b) sacaba
    c) sacar

27. a) la
    b) lo
    c) le

28. a) se la
    b) se lo
    c) lo se

29. a) algo
    b) nadie
    c) nada

30. a) tuvimos
    b) tendremos
    c) teníamos

31. a) iré
    b) irá
    c) iría

32. a) una otra
    b) la otra
    c) otra

© VERITAS-Verlag, Linz. DURCHSTARTEN – SPANISCH GRAMMATIK ÜBUNGSBUCH. Alle Rechte vorbehalten

CUARTO REPASO

Querido diario:

¡Uff! ¡Qué día! Las cosas no (1.) .... seguir así... Creo que Blanca me (2.) .... manía. (3.) .... día me dice (4.) ....: "¡(5.) .... más! ¡No salgas (6.) ....! ¡No (7.) .... en clase! ¡Haz (8.) .... deberes!" Parece que para (9.) .... la gramática es (10.) .... más importante del mundo. Me gustan más las clases de María Teresa, (11.) .... charlamos y nos divertimos mucho. No (12.) .... importa que (13.) .... faltas.

Y como si eso no (14.) .... suficiente, también tengo mala suerte (15.) .... amor ... No (16.) .... pareja. Y eso que yo sólo deseo una persona que (17.) .... amable y que (18.) .... comprenda. El compañero ruso, Iván, sí que ha encontrado una chica española (19.) .... ahora sale (20.) .... de semana. Y Grit, la sueca, se ha enamorado (21.) .... Ángel, el hijo de Carmen y Juan. (22.) .... dicen que quieren casarse. Es lógico que Grit ya (23.) .... hablar mejor (24.) ...., ¿no? Yo sigo (25.) .... a alguien que salga (26.) ...., que me (27.) .... a mejorar mis conocimientos y que me (28.) .... – pero no como Blanca, que siempre me (29.) .... una bronca.

Espero (30.) .... suerte. Por lo menos mi horóscopo dice que mañana (31.) .... mi vida y que conoceré a una persona muy importante. ¡Ojalá sea verdad!

Pasado mañana (32.) .... comentaré ...

1. a) podrían b) pueden c) pudieron
2. a) tenga b) tengo c) tiene
3. a) cada b) todo c) toda
4. a) algún b) alguien c) algo
5. a) estudie b) estudia c) estudias
6. a) tan b) tan mucho c) tanto
7. a) duérmete b) te duermas c) te duermes
8. a) sus b) tu c) tus
9. a) ella b) la c) se
10. a) él b) lo c) la
11. a) en que b) en los que c) en las que
12. a) le b) se c) la
13. a) hacemos b) hagamos c) hacíamos
14. a) sea b) sería c) fuera
15. a) del b) en el c) para el
16. a) encuentre b) encontró c) encuentro
17. a) sea b) es c) era
18. a) se b) mi c) me
19. a) con que b) con la que c) con la quien
20. a) todos los fines b) todos fines c) los todos fines
21. a) a b) en c) de
22. a) incluído b) incluso c) incluye
23. a) supe b) sabe c) sepa
24. a) que yo b) como yo c) como mí
25. a) busco b) buscar c) buscando
26. a) conmigo b) con mí c) con me
27. a) ayuda b) ayudo c) ayude
28. a) corrige b) corrija c) corrijo
29. a) dé b) di c) da
30. a) tenga b) que tenga c) que tengo
31. a) cambiará b) cambiara c) cambiaba
32. a) me lo b) se lo c) te lo

© VERITAS-Verlag, Linz. DURCHSTARTEN – SPANISCH GRAMMATIK ÜBUNGSBUCH. Alle Rechte vorbehalten

QUINTO REPASO

Querido diario:

¡No (1.) .... puedo creer! ¡Blanca está enamorada (2.) .... ! Si lo (3.) .... antes, no me habría preocupado tanto. Ayer, después de clase, la (4.) .... y le pregunté porqué (5.) .... trataba tan mal. Al principio me dijo que no (6.) .... verdad y que me trataba como a (7.) ...., pero yo insistí – y no te lo vas a creer, diario mío, de pronto (8.) .... y me dio un beso. Me confesó que ya (9.) .... la primera clase me (10.) ...., pero que no se (11.) .... atrevido a (12.) .... y que había sufrido mucho porque yo nunca (13.) .... había hecho caso. Nos (14.) .... a cenar juntos para celebrarlo. Me ha invitado a su casa (15.) .... conocer a su familia.
Ahora me alegro de que todavía (16.) .... clase hasta finales (17.) .... mes de agosto porque así (18.) .... verla cada día. Pero en realidad sólo (19.) .... quedan tres semanas. La verdad es que yo también (20.) .... quiero mucho.
¡Cómo me gustaría que Blanca (21.) .... conmigo a mi país! Pero (22.) .... dice que no puede salir de aquí (23.) .... Navidades... o sea que (24.) .... mucho tiempo hasta que nos (25.) .... a ver.
Así que vamos a disfrutar (26.) .... que nos queda. Y soy el chico más feliz del mundo, no sólo (27.) .... Blanca, (28.) .... porque a partir de ahora nunca más (29.) .... problemas con esa maldita gramática.
Querido diario, ahora (30.) .... de ti porque he encontrado otra persona (31.) .... hablar. ¡Muchas gracias (32.) .... haberme acompañado durante todo ese tiempo! ¡Adiós!

1. a) se lo b) me lo c) me la
2. a) a mí b) en mí c) de mí
3. a) hubiera sabido b) habría sabido c) había sabido
4. a) hablaba b) habló c) hablé
5. a) se b) me c) le
6. a) sea b) fue c) era
7. a) todos demás b) todos los demás c) todos otros
8. a) me abrazó b) me abrazo c) me abrazaba
9. a) desde hace b) desde que c) desde
10. a) quise b) quería c) quiso
11. a) hubiera b) ha c) había
12. a) me lo decir b) decírmelo c) me decirlo
13. a) se b) me c) le
14. a) íbamos b) vayamos c) fuimos
15. a) para b) por c) porque
16. a) tenemos b) teníamos c) tengamos
17. a) del b) de la c) al
18. a) pueda b) podrá c) podré
19. a) nos b) os c) les
20. a) me b) le c) la
21. a) vendría b) viniese c) vino
22. a) la b) se c) ella
23. a) desde b) hasta que c) hasta
24. a) pasará b) pasara c) pasaba
25. a) volvemos b) volvamos c) volveremos
26. a) el tiempo b) de tiempo c) del tiempo
27. a) por b) para c) sobre
28. a) sino b) si no c) pero
29. a) tenga b) tuviera c) tendré
30. a) despido b) me despido c) te despido
31. a) por b) con c) para
32. a) para b) de c) por

© VERITAS-Verlag, Linz. DURCHSTARTEN – SPANISCH GRAMMATIK ÜBUNGSBUCH. Alle Rechte vorbehalten

LISTE DER WICHTIGSTEN UNREGELMÄSSIGEN SPANISCHEN VERBEN

Infinitivo	Presente de indicativo (yo)	Presente de subjuntivo (yo)	Imperativo (tú)	Futuro imperfecto (yo)	Condicional simple (yo)	Imperfecto de subjuntivo (yo)	Pretérito indefinido (yo)	Pretérito imperfecto (yo)	Participio	Gerundio
abrir	abro	abra	abre	abriré	abriría	abriera	abrí	abría	abierto	abriendo
andar	ando	ande	anda	andaré	andaría	anduviera	anduve	andaba	andado	andando
caber	quepo	quepa	cabe	cabré	cabría	cupiera	cupe	cabía	cabido	cabiendo
caer	caigo	caiga	cae	caeré	caería	cayera	caí	caía	caído	cayendo
dar	doy	dé	da	daré	daría	diera	di	daba	dado	dando
decir	digo	diga	di	diré	diría	dijera	dije	decía	dicho	diciendo
escribir	escribo	escriba	escribe	escribiré	escribiría	escribiera	escribí	escribía	escrito	escribiendo
estar	estoy	esté	está	estaré	estaría	estuviera	estuve	estaba	estado	estando
haber	hay (3.P.EZ)	haya (3.P.EZ)	–	habrá (3.P.EZ)	habría	hubiera	hubo (3.P.EZ)	había (3.P.EZ)	habido	habiendo
hacer	hago	haga	haz	haré	haría	hiciera	hice	hacía	hecho	haciendo
ir	voy	vaya	ve	iré	iría	fuera	fui	iba	ido	yendo
oír	oigo	oiga	oye	oiré	oiría	oyera	oí	oía	oído	oyendo
morir	muero	muera	muere	moriré	moriría	muriera	morí	moría	muerto	muriendo
poder	puedo	pueda	puede	podré	podría	pudiera	pude	podía	podido	pudiendo
poner	pongo	ponga	pon	pondré	pondría	pusiera	puse	ponía	puesto	poniendo
producir	produzco	produzca	produce	produciré	produciría	produjera	produje	producía	producido	produciendo
querer	quiero	quiera	quiere	querré	querría	quisiera	quise	quería	querido	queriendo
saber	sé	sepa	sabe	sabré	sabría	supiera	supe	sabía	sabido	sabiendo
salir	salgo	salga	sal	saldré	saldría	saliera	salí	salía	salido	saliendo
ser	soy	sea	sé	seré	sería	fuera	fui	era	sido	siendo
tener	tengo	tenga	ten	tendré	tendría	tuviera	tuve	tenía	tenido	teniendo
traducir	traduzco	traduzca	traduce	traduciré	traduciría	tradujera	traduje	traducía	traducido	traduciendo
traer	traigo	traiga	trae	traeré	traería	trajera	traje	traía	traído	trayendo
venir	vengo	venga	ven	vendré	vendría	viniera	vine	venía	venido	viniendo
ver	veo	vea	ve	veré	vería	viera	vi	veía	visto	viendo
volver	vuelvo	vuelva	vuelve	volveré	volvería	volviera	volví	volvía	vuelto	volviendo

© VERITAS-Verlag, Linz. DURCHSTARTEN – SPANISCH GRAMMATIK ÜBUNGSBUCH. Alle Rechte vorbehalten